レイヤー後のレイヤー ラザニア料理本

古典的なボロネーゼから創造的なベジタリアン料理まで。重ねて焼く100 以上の食欲をそそるレシピは、家族のディナーや特別な日に最適です

さゆり 吉本

目次

6

序章

ラザニアの世界への究極のガイドへようこそ！ この料理本は、史上最も愛されているイタリア料理の 1 つであるラザニアに特化しています。熟練した料理人でも初心者でも、この料理本には家族全員が喜ぶおいしいラザニアを作るのに役立つわかりやすいレシピが満載です。

この本には、フレーバーと食感の旅へあなたを連れて行ってくれる、よだれが出そうなラザニアのレシピが 100 種類以上掲載されています。古典的なトマトと肉のラザニアから、ベジタリアンやグルテンフリーのオプションまで、誰もが楽しめるレシピがあります。しかし、それだけではありません。ゲストに感動を与え、もっと食べたいと思わせる、ユニークでクリエイティブなラザニアの作り方もお教えします。

このクックブックの特徴は、階層化に焦点を当てていることです。私たちは、素晴らしいラザニアの鍵は層を重ねるプロセスにあると信じています。風味と食感の調和のとれたバランスを作り出すために、各層を慎重に作成する必要があります。この本では、ラザニアを完璧に重ねて作る秘訣を紹介します。そうすれば、ラザニアゲームを次のレベルに進めることができます。

重ね塗りを開始して究極のラザニアを作成する準備ができたら、調理を始めましょう。

1. マグカップのラザニア

材料:

- パスタラザニアシート 2 枚、すぐにお召し上がりいただけます
- 6 オンス 水
- オリーブオイルまたはクッキングスプレー 小さじ 1
- ピザソース 大さじ 3
- リコッタチーズまたはカッテージチーズ 大さじ 4
- ほうれん草 大さじ 3
- チェダーチーズ 大さじ 1
- オプション：調理済みソーセージ 大さじ 2

方向：

a) ラザニアシートを割り、マグカップの中に正しく入れます。

b) オリーブオイルをスプレーするとくっつきにくくなります。

c) ラザニアを水で覆います。

d) 電子レンジで 3～4 分間、またはパスタが柔らかくなるまで調理します。

e) 水を捨て、パスタを脇に置きます。

f) 同じマグカップにピザソースを加え、パスタを数切れ入れます。

g) ほうれん草、リコッタチーズ、ソーセージを重ねて加えます。

h) その上にチェダーチーズをふりかけます。

i) パスタから始めて再び層を続けます。

j) 電子レンジに入れ、飛び散りを避けるために電子レンジ対応カバーまたはペーパータオルで覆います。

k) 電子レンジで 3 分間、またはラザニアに火が通るまで調理します。

l)　1〜2 分冷まして味を楽しんでください。

2. ビーガン豆腐ラザニア

6 食分が作れます

材料

- 12 オンスのラザニアヌードル
- 1 ポンドの木綿豆腐、水を切り、砕いたもの
- 1 ポンドの柔らかい豆腐、水を切り、砕いたもの
- ニュートリショナルイースト　大さじ 2
- 新鮮なレモン汁　小さじ 1
- 塩　小さじ 1
- 挽きたての黒コショウ　小さじ 1/4
- 新鮮なパセリのみじん切り　大さじ 3
- ビーガンパルメザンチーズ　1/2 カップ　またはパルマシオ
- マリナラソース　4 カップ

方向

a)　オーブンを 350°F に予熱します。

b)　沸騰した塩水の入った鍋で、麺を中火にかけ、時々かき混ぜながらアルデンテになるまで約 7 分間茹でます。

c)　大きめのボウルに木綿豆腐と柔らかい豆腐を入れて混ぜ合わせます。ニュートリショナルイースト、レモン汁、塩、コショウ、パセリ、パルメザンチーズ 1/4 カップを加えます。よく混ざるまで混ぜます。

d)　トマトソースの層をスプーンで 9 x 13 インチのグラタン皿の底に注ぎます。その上に茹でた麺の層を乗せます。

e)　豆腐混合物の半分を麺の上に均等に広げます。別の麺の層、続いてソースの層を繰り返します。

f)　残りの豆腐をソースの上に広げ、最後に麺とソースをかけて完成です。残りの 1/4 カップのパルメザンチーズを振りかけます。ソースが残っている

場合は保存し、ラザニアと一緒にボウルに入れて熱いうちにお召し上がりください。

g) ホイルで覆い、45 分間焼きます。蓋を外してさらに 10 分焼きます。

h) 食べる前に 10 分間放置してください。

3. バタースカッシュラザニア

収量: 12 回分

合計時間: 1 時間

難易度: 中程度

材料

- ラザニア麺 9 個（茹でたもの）
- 温かい味付けマッシュポテト 5 カップ、
- バターナッツスカッシュ 2 パッケージ（12 オンス）
- リコッタチーズ 1 1/2 カップ
- オニオンパウダー 小さじ 1
- ナツメグ 小さじ 1/2
- 塩 小さじ 1
- 黒コショウ 小さじ 1/2
- フライドオニオン 1 カップ

方向：

a) オーブンを 350°F に予熱します。

b) クッキングスプレーを使用して、9 x 13 インチのグラタン皿をコーティングします。

c) ジャガイモ、バターナッツスカッシュ、リコッタチーズ、オニオンパウダー、ナツメグ、塩、黒コショウを大きな混合洗面器で一緒に混ぜます。

d) 用意しておいたグラタン皿の底に麺 3 本を敷きます。ジャガイモ混合物の 1/3 を麺の上に広げます。レイヤーをさらに 2 回繰り返します。

e) アルミホイルを上に乗せて 45 分間焼きます。ホイルを外し、さらに 8〜10 分間、または茶色になって火が通るまで焼きます。

4. バージンラザニア

2 人分

材料：

- 1 ポンドのグラスフェッドビーフ、ひき肉
- 角切りの赤ピーマン 1 1/2 カップ
- 赤玉ねぎ 1 カップ（みじん切り）
- 25.5 オンスの野菜パスタソース 1 本（分割）
- ガーリックソルト 小さじ 1
- 乾燥オレガノ 小さじ 1
- 玄米ラザニア麺 4 個（調理済み）
- ココナッツオイル 大さじ 1
- ズッキーニ 1 カップ（さいの目切り）
- ブロッコリー 1 カップ（角切り）
- ベビーほうれん草 1 カップ（角切り）
- ニンニク 4 片（みじん切り）

方向：

a) オーブンを華氏 350 度に予熱します。

b) テフロン加工のフライパンで、肉がピンク色でなくなるまで焼き色を付けます。

c) スパゲッティソース、赤ピーマン、玉ねぎ、ガーリックソルト、オレガノを大きなミキシングボウルに入れて混ぜます。これは今のところ脇に置いておいてください。

d) フライパンに油を熱し、ズッキーニ、ブロッコリー、ほうれん草、ニンニクを 5〜8 分ほど炒めます。

e) 8x8 の天板に次のようにラザニアを重ねます。ラザニア ヌードル、ビーフ ミックス、野菜ミックス、パスタソース、ラザニア ヌードル、ビーフ ミックス、野菜ミッ

クス、ラザニア ヌードル、ビーフ ミックス、野菜ミックス、残りのスパゲッティ ソース。

f) 35分間、または熱くて泡が立つまで焼きます。

5. 生意気なラザニア

分量: 4 人分

材料:

- 砕いたスパイシーなイタリアンソーセージ 1 1/2 ポンド
- 市販のスパゲッティソース 5 カップ
- トマトソース 1 カップ
- イタリアンシーズニング 小さじ 1
- 赤ワイン 1/2 カップ
- 大さじ 1。砂糖
- 大さじ 1。油
- ニンニクのみじん切り手袋 5 枚
- 玉ねぎのみじん切り 1 個
- 細切りモッツァレラチーズ 1 カップ
- シュレッドプロヴォローネチーズ 1 カップ
- リコッタチーズ 2 カップ
- カッテージチーズ 1 カップ
- 大きな卵 2 個
- 牛乳 1/4 カップ
- 9 ヌードルラザニアヌードル - パーボイル
- すりおろしたパルメザンチーズ 1/4 カップ

方向：

a) オーブンを華氏 375 度に予熱します。

b) フライパンで、砕いたソーセージを 5 分間焼きます。グリースはすべて廃棄してください。

c) 大きめの鍋にパスタソース、トマトソース、イタリアンシーズニング、赤ワイン、砂糖を入れてよく混ぜます。

d) フライパンにオリーブオイルを入れて加熱します。次に、ニンニクとタマネギを 5 分間炒めます。

e) ソーセージ、ニンニク、タマネギをソースに加えます。

f) その後、鍋の蓋をして 45 分間煮込みます。

g) 混合皿でモッツァレラチーズとプロヴォローネチーズを混ぜ合わせます。

h) 別のボウルにリコッタチーズ、カッテージチーズ、卵、牛乳を入れて混ぜます。

i) 9×13 のグラタン皿に、12 カップのソースを皿の底に注ぎます。

j) 次に、グラタン皿に麺、ソース、リコッタチーズ、モッツァレラチーズを三層に並べます。

k) 上にパルメザンチーズを塗ります。

l) 蓋をした皿で 30 分間焼きます。

m) 蓋を開けてさらに 15 分焼きます。

6. ほうれん草のラザニアカール

収量：4 食分

材料：

- 全粒粉ラザニア麺 8 個
- オリーブオイル 大さじ 1
- ニンニク 2 片 （みじん切り）
- 新鮮なほうれん草 3 カップ （みじん切り）
- パートスキムリコッタチーズ 3/4 カップ
- すりおろしたパルメザンチーズ 大さじ 2
- 減塩トマトソース 1 1/2 カップ （小分け）
- 部分脱脂モッツァレラチーズ 1/2 カップ

方向：

a) オーブンを華氏 375 度に予熱します。クッキングスプレーを使用して、8×8 インチのキャセロール皿にコーティングします。

b) 大きな鍋に水を入れて沸騰させます。ラザニア麺をパッケージの表示通りに茹でます。麺をワックスペーパーの上に置いて冷まします。

c) 大きなソテーパンに油を中火で熱します。ニンニクを加えてから 30 秒間調理し、刻んだほうれん草を加えて 2 分間、またはちょうどしおれるまで調理します。

d) ほうれん草を火から下ろし、冷まします。冷めたらリコッタチーズとパルメザンチーズを混ぜ合わせます。

e) 1/2 カップのトマトソースをキャセロール皿の底に注ぎます。

f) 最初のラザニア ヌードルの上にほうれん草の混合物小さじ 2 を広げ、その上にトマトソース大さじ 1 をかけて、ラザニアの渦巻きを作ります。

g) 麺の端から端まで螺旋状に巻きます。用意しておいた天板にラザニアを縫い目を下にして置きます。

h) 残りの麺とほうれん草の混合物でも同じことを繰り返します。

i) 残りの 1/2 カップのトマトソースをスパイラルの上に広げ、モッツァレラチーズを上に乗せます。

j) 15〜20 分間、またはチーズが完全に溶けるまで焼きます。楽しみ！

7. ナスラザニア

4～6 人分

材料

- 大きなナス 2 個、皮をむき、縦にスライスします。
- ココナッツ油
- 塩とコショウ
- **ミートソース**
- 低脂肪ファーマーズチーズ 2 カップ
- 卵 2 個
- ネギ 3 本（みじん切り）
- 細切り低脂肪モッツァレラチーズ 1 カップ

方向

a) オーブンを 425 度に加熱します。

b) クッキングシートに油を塗ってナスのスライスを並べる。塩とコショウを振りかけます。スライスを片面 5 分ずつ焼きます。オーブンの温度を 375 度に下げます。

c) 茶色の玉ねぎ、肉、ニンニクをココナッツオイルで 5 分間炒めます。キノコと赤ピーマンを加え、5 分間煮ます。トマト、ほうれん草、スパイスを加え、5～10 分間煮ます。

d) ファーマーズチーズ、卵、玉ねぎの混合物をブレンドします。ミートソースの 3 分の 1 をガラスパンの底に広げます。ナスのスライスの半分とファーマーズチーズの半分を重ねます。繰り返す。ソースの最後の層を加え、その上にモッツァレラチーズを加えます。

e)　ホイルで覆います。375 度で 1 時間焼きます。ホイルを外し、チーズが茶色になるまで焼きます。食べる前に 10 分間休ませてください。

8. ポレンタ風ラザニア

材料

- 焦げ付き防止クッキングスプレー
- 高質のマリナラソース 1 カップ
- 調理済ポレンタチューブ約 1/2 本を3 つ 1/2 インチの厚さの輪切りに切ります
- 大さじ3 小さじ1 効果ます。細切りモッツァレラチーズ

方向：

a) 16 オンスのボトルの内側にスプレーします。クッキングスプレート 芯のマグカップ

b) マグカップの底にソース 1/4 カップ効果、ポレンタを 1 ラウンド効果、次大さじ 1 効果ます。チーズの。さらに2回重塗り層繰返します。ソースの残りの 1/4 カップ効果、次残りの小さじ1 効果ます。チーズの。

c) 蓋をして熱くなるまで約〇分間ます。

30

9. レンズ豆のラザニア

材料：

- オリーブオイル 大さじ 1。
- 玉ねぎ 1 個、みじん切りにする。
- にんじん 1 本、スライスします。
- セロリスティック 1 本、みじん切りにする。
- ニンニク 1 片、潰します。
- レンズ豆 400 g 缶 2 個、水を切って洗います。
- トウモロコシ粉 大さじ 1。
- みじん切りトマト缶 400g。
- マッシュルームケチャップ小さじ 1。
- スライスオレガノ小さじ 1（または乾燥小さじ 1）。
- 野菜ストックパウダー小さじ 1。
- カリフラワーの頭 2 個、小花に分けます。
- 無糖豆乳 大さじ 2。
- おろしたてのナツメグをひとつまみ。
- 卵不使用の乾燥ラザニアシート 9 枚。

方向：

a) 鍋に油を熱し、ニンジン、セロリ、タマネギを加え、柔らかくなるまで 10〜15 分間注意深く準備します。ニンニクを加え、数分間調理し、レンズ豆とコーンフラワーを加えてかき混ぜます。

b) トマトと水の入った缶、キノコのケチャップ、オレガノ、だしの素、調味料を加えます。時々かき混ぜながら 15 分間煮ます。

c) カリフラワーを沸騰したお湯の鍋で 10 分間、または柔らかくなるまで茹でます。パイプを排水し、ハンドブレンダーまたはフードミルを使用して豆乳を加えてピューレにします。よく味付けし、ナツメグを加えます。

d) さらに 3 分の 1 のレンズ豆ミックスを加え、その上に 3 分の 1 のカリフラワーピューレを広げ、その上にパスタの層を置きます。その上にレンズ豆とラザニアの最後の 3 分の 1 を乗せ、その後に残りのピューレを乗せます。

e) ホイルでゆるく覆い、35〜45 分間焼きます。調理の最後の 10 分間はホイルを外します。

10. レッドチャードとほうれん草のラザニア

6 食分が作れます

材料

- 12 オンスのラザニアヌードル
- オリーブオイル 大さじ 1
- ニンニク 2 片（みじん切り）
- 8 オンスの新鮮なレッドチャード、硬い茎を取り除き、粗く刻む
- 9 オンスの新鮮なベビーほうれん草、粗く刻んだ
- 木綿豆腐 1 ポンド（水切りして砕いたもの）
- 1 ポンドの柔らかい豆腐、水を切り、砕いたもの
- ニュートリショナルイースト 大さじ 2
- 新鮮なレモン汁 小さじ 1
- 新鮮な平葉パセリのみじん切り 大さじ 2
- 塩 小さじ 1
- [1] 挽きたての黒胡椒 小さじ 1/4
- マリナラソース 31/2 カップ

方向：

a) 沸騰した塩水の入った鍋で、麺を中火にかけ、時々かき混ぜながらアルデンテになるまで約 7 分間茹でます。オーブンを 350℉ に予熱します。

b) 大きな鍋に油を中火で熱します。にんにくを加えて香りが立つまで炒めます。フダンソウを加え、しおれるまでかき混ぜながら約 5 分間調理します。ほうれん草を加え、しおれるまでかき混ぜながらさらに約 5 分間調理を続けます。蓋をして柔らかくなるまで約 3 分間煮ます。蓋を外し、冷ますために置いておきます。手に取れるくらい冷めたら、野菜に残っている水分を取り除き、大きなスプーンで野菜を押し当てて余分な水分を絞り出します。大きなボウルに野菜を入れます。豆腐、ニュートリショナルイースト、レモン汁、パセリ、塩、コショウを加えます。よく混ざるまで混ぜます。

c) トマトソースの層をスプーンで 9 x 13 インチのグラタン皿の底に注ぎます。その上に麺の層を置きます。豆腐混合物の半分を麺の上に均等に広げます。さらに麺の層とソースの層を繰り返します。残りの豆腐混合物をソースの上に広げ、最後の層に麺、ソース、そしてパルメザンチーズをかけて完成します。

d) ホイルで覆い、45 分間焼きます。蓋を外してさらに 10 分焼きます。食べる前に 10 分間放置してください。

11. ロースト野菜のラザニア

6 食分が作れます

材料

- 中くらいのズッキーニ 1 本、1/4 インチのスライスに切る
- 中ナス 1 本、1/4 インチのスライスに切る
- 赤ピーマン 中 1 個（角切り）
- オリーブオイル 大さじ 2
- 塩と挽きたての黒胡椒
- 8 オンスのラザニアヌードル
- 木綿豆腐 1 ポンド（水気を切り、軽く叩いて水気を切り、砕いたもの）
- 1 ポンドの柔らかい豆腐、水を切り、軽く叩いて水気を切り、砕いたもの
- ニュートリショナルイースト 大さじ 2
- 新鮮な平葉パセリのみじん切り 大さじ 2
- 自家製マリナラソース 31/2 カップ

方向：

a) オーブンを 425°F に予熱します。軽く油を塗った 9 x 13 インチの天板にズッキーニ、ナス、ピーマンを広げます。油を回しかけ、塩、黒胡椒で味を調えます。野菜を柔らかく軽く茶色になるまで約 20 分間ローストします。オーブンから取り出し、冷ますために置いておきます。オーブンの温度を 350°F に下げます。

b) 沸騰した塩水の入った鍋で、麺を中火にかけ、時々かき混ぜながらアルデンテになるまで約 7 分間茹でます。水を切って脇に置きます。大きめのボウルに豆腐とニュートリショナルイースト、パセリ、塩コショウを入れて混ぜ合わせます。よく混ぜます。

c) 組み立てるには、9 x 13 インチのグラタン皿の底にトマトソースの層を広げます。ソースの上に麺の層を乗せます。麺の上にローストした野菜の半分を乗せ、豆腐の混合物の半分を野菜の上に広げます。これを繰り返して麺を重ね、さらにソースをかけます。残りの野菜と豆腐を混ぜたものを重ねて重ね、最後に麺とソースを重ねます。上にパルメザンチーズをふりかけます。

d) 蓋をして 45 分間焼きます。蓋を外してさらに 10 分焼きます。オーブンから取り出し、カットする前に 10 分間放置します。

12. ラディッキオとキノコのラザニア

6 食分が作れます

材料
- オリーブオイル　大さじ 1
- ニンニク 2 片（みじん切り）
- 小さな頭のラディッキオ 1 個（細切り）
- 8 オンスのクレミニマッシュルームを軽く洗い、軽く叩いて水気を切り、薄くスライスします。
- 塩と挽きたての黒胡椒
- 8 オンスのラザニアヌードル
- 木綿豆腐 1 ポンド（水気を切り、軽く叩いて水気を切り、砕いたもの）
- 1 ポンドの柔らかい豆腐、水を切り、軽く叩いて水気を切り、砕いたもの
- ニュートリショナルイースト　大さじ 3
- 新鮮なパセリのみじん切り　大さじ 2
- 自家製マリナラソース 3 カップ

方向：

a) 大きなフライパンに油を中火で熱します。ニンニク、ラディッキオ、キノコを加えます。蓋をして時々かき混ぜながら、柔らかくなるまで約 10 分間煮ます。塩、こしょうで味を調え、置いておく

b) 沸騰した塩水の入った鍋で、麺を中火にかけ、時々かき混ぜながらアルデンテになるまで約 7 分間茹でます。水を切って脇に置きます。オーブンを 350°F に予熱します。

c) 大きめのボウルに木綿豆腐と柔らかい豆腐を入れて混ぜ合わせます。ニュートリショナルイーストとパセリを加え、よく混ざるまで混ぜます。ラディッキオとキノコの混合物を混ぜ、塩とコショウで味を調えます。

d) トマトソースの層をスプーンで 9 x 13 インチのグラタン皿の底に注ぎます。その上に麺の層を置きます。豆腐混合物の半分を麺の上に均等に広げます。別の麺の層、続いてソースの層を繰り返します。残りの豆腐を上に広げ、最後に麺とソースを乗せて完成です。上に砕いたクルミを振りかけます。

e) ホイルで覆い、45 分間焼きます。蓋を外してさらに 10 分焼きます。食べる前に 10 分間放置してください。

13. ラザニア プリマベーラ

6～8 人前が作れます

材料

- 8 オンスのラザニアヌードル
- オリーブオイル　大さじ 2
- 小さな黄玉ねぎ 1 個（みじん切り）
- ニンニク 3 片（みじん切り）
- 6 オンスの絹ごし豆腐（水切り）
- 普通の無糖豆乳 3 カップ
- ニュートリショナルイースト　大さじ 3
- ¹ナツメグ粉末　小さじ 1/8
- 塩と挽きたての黒胡椒
- 刻んだブロッコリーの小花 2 カップ
- にんじん中 2 本（みじん切り）
- 小さなズッキーニ 1 本、縦半分または 4 等分にし、1/4 インチのスライスに切ります。
- 赤ピーマン 中 1 個（みじん切り）
- 2 ポンドの木綿豆腐、水気を切り、軽くたたいて水気を切る
- 新鮮な平葉パセリのみじん切り　大さじ 2
- ¹ビーガンパルメザンチーズ ⁄2 カップ またはパルマシオ
- ¹挽いたアーモンドまたは松の実 ⁄2 カップ

方向：

a) オーブンを 350°F に予熱します。沸騰した塩水の入った鍋で、麺を中火にかけ、時々かき混ぜながらアルデンテになるまで約 7 分間茹でます。水を切って脇に置きます。

b) 小さなフライパンに油を中火で熱します。玉ねぎとにんにくを加え、蓋をし、柔らかくなるまで約 5 分間煮ます。玉ねぎ混合物をブレンダーに移します。絹ごし豆腐、豆乳、ニュートリショナルイースト、ナツメグ、塩コショウを加えて味を調えます。滑らかになるまでブレンドし、置いておきます。

c) ブロッコリー、ニンジン、ズッキーニ、ピーマンを柔らかくなるまで蒸します。暑さから削除。木綿豆腐を大きめのボウルに崩して入れます。パセリとパルメザンチーズ 1/4 カップを加え、塩とコショウで味を調えます。よく混ざるまで混ぜます。蒸し野菜を加えてよく混ぜ、必要に応じて塩とコショウを追加します。

d) 軽く油を塗った 9×13 インチのグラタン皿の底に、ホワイトソースの層をスプーンで注ぎます。その上に麺の層を置きます。豆腐と野菜を混ぜた半分を麺の上に均等に広げます。麺の層をもう 1 層繰り返し、続いてソースの層を重ねます。残りの豆腐混合物を上に広げ、最後の層の麺とソースで仕上げ、最後に残りの 1/4 カップのパルメザンチーズで終わります。ホイルで覆い、45 分間焼きます。

14. 黒豆とかぼちゃのラザニア

6～8 人前が作れます

材料

- ラザニア麺 12 個
- オリーブオイル 大さじ 1
- 中くらいの黄玉ねぎ 1 個、みじん切りにする
- 赤ピーマン 中 1 個（みじん切り）
- ニンニク 2 片（みじん切り）
- 調理済みの 11/2 カップ、または黒豆 1 缶（15.5 オンス）、水を切り、すすぎます
- (14.5 オンス) クラッシュトマト缶
- チリパウダー 小さじ 2
- 塩と挽きたての黒胡椒
- 木綿豆腐 1 ポンド（よく水切り）
- 新鮮なパセリまたはコリアンダーのみじん切り 大さじ 3
- かぼちゃピューレ 1 缶（16 オンス）
- トマトサルサ 3 カップ

方向：

a) 沸騰した塩水の入った鍋で、麺を中火にかけ、時々かき混ぜながらアルデンテになるまで約 7 分間茹でます。水を切って脇に置きます。オーブンを 375°F に予熱します。

b) 大きなフライパンに油を中火で熱します。玉ねぎを加えて蓋をし、しんなりするまで煮ます。ピーマンとニンニクを加え、柔らかくなるまでさらに 5 分間煮ます。豆、トマト、小さじ 1 杯のチリパウダー、塩、黒コショウを加えて混ぜます。よく混ぜて置いておきます。

c) 大きなボウルに豆腐、パセリ、残りの小さじ 1 杯のチリパウダー、塩、黒コショウを入れて混ぜます。脇に置いておきましょう。中くらいのボウルにカボチャとサルサを入れ、よく混ぜ合わせます。塩とコショウで味を調えます。

d) 約 3/4 カップのカボチャ混合物を 9×13 インチのグラタン皿の底に広げます。麺 4 本を乗せます。その上に豆の混合物の半分を乗せ、続いて豆腐の混合物の半分を乗せます。その上に麺 4 本を乗せ、その上にカボチャの混合物を重ね、その上に残りの豆の混合物を乗せ、その上に残りの麺を乗せます。残りの豆腐混合物を麺の上に広げ、続いて残りのかぼちゃ混合物を鍋の端まで広げます。

e) ホイルで覆い、熱く泡立つまで約 50 分間焼きます。蓋を開け、カボチャの種を散らし、食べる前に 10 分間放置します。

15. フダンソウ詰めのマニコッティ

4 回分が作れます

材料

- 12 マニコッティ
- オリーブオイル　大さじ 3
- 玉ねぎ（みじん切り）1 個
- スイスチャードの中束 1 個、硬い茎を切り落としてみじん切りにする
- 木綿豆腐 1 ポンド（水切りして砕いたもの）
- 塩と挽きたての黒胡椒
- 生カシューナッツ 1 カップ
- 普通の無糖豆乳 3 カップ
- [1]ナツメグ粉末　小さじ 1/8
- [1]カイエン粉末　小さじ /8
- 味付けしていない乾燥パン粉 1 カップ

方向：

a) オーブンを 350°F に予熱します。9 x 13 インチのグラタン皿に軽く油を塗り、脇に置きます。

b) 沸騰した塩水の入った鍋で、時々かき混ぜながらマニコッティを中火にかけ、アルデンテになるまで約 8 分間調理します。水をよく切り、冷水にさらします。脇に置いておきましょう。

c) 大きめのフライパンに油大さじ 1 を中火で熱します。玉ねぎを加えて蓋をし、しんなりするまで 5 分ほど煮る。フダンソウを加え、蓋をし、時々かき混ぜながらフダンソウが柔らかくなるまで約 10 分間煮ます。火から下ろし、豆腐を加えてよく混ぜます。塩、コショウで味を整えて、置いておきます。

d) ミキサーまたはフードプロセッサーでカシューナッツを粉末にします。豆乳 11/2 カップ、ナツメグ、カイエンペッパー、塩を加えて味を調えます。滑らかになるまでブレンドします。残りの 11/2 カップの豆乳を加え、クリーム状になるまで混ぜます。味を見て、必要に応じて調味料を調整します。

e) 準備したグラタン皿の底にソースの層を広げます。マニコッティにフダンソウの詰め物約 1/3 カップを詰めます。詰めたマニコッティをグラタン皿に一層に並べます。残りのソースをマニコッティの上にスプーンでかけます。小さなボウルにパン粉と残りの大さじ 2 杯の油を入れて混ぜ、マニコッティの上に振りかけます。ホイルで覆い、熱く泡立つまで約 30 分間焼きます。すぐにお召し上がりください。

16. ほうれん草マニコッティ

4 回分が作れます

材料

- 12 マニコッティ
- オリーブオイル 大さじ 1
- 中くらいのエシャロット 2 個（みじん切り）
- 解凍した冷凍みじん切りほうれん草 2 パック（10 オンス）
- 豆腐 1 ポンド（水切りして砕いたもの）
- [1] ナツメグ粉末 小さじ 1/4
- 塩と挽きたての黒胡椒
- ローストしたクルミ 1 カップ
- 豆腐 1 カップ（水切りして砕いたもの）
- [1] ニュートリショナルイースト /4 カップ
- 普通の無糖豆乳 2 カップ
- 乾燥パン粉 1 カップ

方向：

a) オーブンを 350°F に予熱します。9 x 13 インチのグラタン皿に軽く油を塗ります。沸騰した塩水の入った鍋で、時々かき混ぜながらマニコッティを中火にかけ、アルデンテになるまで約 10 分間調理します。水をよく切り、冷水にさらします。脇に置いておきましょう。

b) 大きなフライパンに油を中火で熱します。エシャロットを加え、柔らかくなるまで約 5 分間煮ます。ほうれん草を絞って水分をできるだけ取り除き、エシャロットに加えます。ナツメグ、塩、コショウで味を調え、かき混ぜながら 5 分間調理し、味をブレンドします。木綿豆腐を加えてよく混ぜます。脇に置いておきましょう。

c) フードプロセッサーでクルミを細かく粉砕します。豆腐、栄養イースト、豆乳、塩、コショウを加えて味を調えます。滑らかになるまで加工します。

d) 準備しておいたグラタン皿の底にクルミソースの層を広げます。マニコッティに詰め物を詰めます。詰めたマニコッティをグラタン皿に一層に並べます。残ったソースをスプーンでかけていただきます。ホイルで覆い、熱くなるまで約 30 分間焼きます。蓋を外し、パン粉をまぶし、表面に軽く焼き色がつくまでさらに 10 分焼きます。すぐにお召し上がりください。

17. ラザニア風車

4 回分が作れます

材料

- ラザニア麺 12 個

- 軽くパックした新鮮なほうれん草 4 カップ

- 調理済みまたは缶詰の白インゲン豆 1 カップ（水気を切り、すすいでください）

- 木綿豆腐 1 ポンド（水気を切り、軽くたたいて水気を切る）

- [1]塩 小さじ 1/2

- [1]挽きたての黒胡椒 小さじ 1/4

- [1]ナツメグ粉末 小さじ 1/8

- 自家製マリナラソース 3 カップ

方向：

a) オーブンを 350°F に予熱します。沸騰した塩水の入った鍋で、麺を中火にかけ、時々かき混ぜながらアルデンテになるまで約 7 分間茹でます。

b) ほうれん草を電子レンジ対応の皿に大さじ 1 の水とともに入れます。蓋をして、しおれるまで電子レンジで 1 分加熱します。ボウルから取り出し、残った液体を絞ります。

c) ほうれん草をフードプロセッサーに移し、パルス状に刻みます。豆、豆腐、塩、コショウを加え、よく混ざるまで混ぜます。脇に置いておきましょう。

d) 風車を組み立てるには、麺を平らな作業面に置きます。豆腐とほうれん草の混合物を大さじ 3 杯ほどずつ麺の表面に塗り、巻きます。残りの材料で繰り返します。浅いキャセロール皿の底にトマトソースの層を広げます。

e) ロールをソースの上に直立させて置き、残りのソースの一部をスプーンで各風車の上に置きます。ホイルで覆い、30 分間焼きます。すぐにお召し上がりください。

18. 野菜のラザニアキャセロール

材料

- 小さなズッキーニ1個
- 小さな黄色のカボチャ1個
- 玉ねぎ1個
- 大きな赤ピーマン1個
- 乳製品不使用のバッファロー風モッツァレラチーズ6オンス
- 種ぬきオイル漬けブラックオリーブスライス1/4 カップ
- 乾燥バジル小さじ1
- 海塩小さじ1
- 乾燥オレガノ小さじ1/2
- 赤唐辛子フレーク小さじ1/4
- 挽いた黒コショウ小さじ1/4
- トマトソース1缶15オンス
- シュレッド乳製品不使用パルメザンチーズ1/4 カップ

方向：

a) ズッキーニと黄色かぼちゃを縦に1/8から1/4インチ厚のストリップにスライスします。両方を 2 つの部分に割します。

b) 玉ねぎを半月切りにします。スライスを3つの部分に割します。ピーマンを縦に1/2インチ細切りにします。ストリップを3つの部分に割します。

c) モッツァレラチーズを1/4インチの立体に切ります。立方体を小さなボウルに移し、オリーズ バジル、塩、オレガノ、赤唐辛子のフレーク、コショウを加えます。よく混ぜ合わせ、混合物を3つの部分に分けます。

d) エアフライヤーを60°Fに5分間予熱します。トマトソース1/2カップをワインインチの天板の底に広げます。トマトソースの上にズッキーニ、かぼちゃ、玉ねぎ、ピーマンを各部が重ねます。モッツァレラチーズ混合物の最初の3分の1を加えます。さらに 2 つのレイヤーに対してこのプロセスを繰り返します。上層にパルメザンチーズを振りかけます。

e) ベーキングパンをホイルに覆い、エアフライヤーに移し、360°Fで15分間調理します。蓋を開けたさらに10分間調理します。

f) 分量：2～4人分

60

19. ラタトゥイユのラザニア

8〜10 人分

材料

- 卵生地

- エクストラバージンオリーブオイル

- にんにく 3 片（みじん切り）

- 赤ワイン 1 カップ（237ml）

- 2 缶 (28 オンス [794-g]) 砕いた

- トマト

- バジル 1 束

- コーシャーソルト

- 挽きたての黒コショウ

- オリーブオイル

- ナス 1 本（皮をむき、小さめの角切り）

- 緑のズッキーニ 1 個（小さめの角切り）

- 夏かぼちゃ 1 個（小さめの角切り）

- トマト 2 個（小さめの角切り）

- ニンニク 4 片（スライス）

- 赤玉ねぎ 1 個（薄切り）

- コーシャーソルト

- 挽きたての黒コショウ

- 細切りモッツァレラチーズ 3 カップ（390g）

方向

a) オーブンを 350°F (177°C) に予熱し、大きな鍋に塩水を入れて沸騰させます。

b) 2 枚のシートパンにセモリナ粉をまぶします。パスタを作るには、シートの厚さが約 1/16 インチ (1.6 mm) になるまで生地を伸ばします。

c) 広げたシートを 12 インチ (30 cm) のセクションに切り、シート パンが約 20 枚になるまでシート パンに置きます。数回に分けて沸騰したお湯にシートを入れ、柔らかくなるまで約 1 分間調理します。ペーパータオルの上に置き、軽くたたいて乾燥させます。

d) ソースを作るには、鍋に中火にかけ、エクストラバージンオリーブオイル、ニンニクを加え、約 1 分間または半透明になるまで炒めます。赤ワインを加えて半分くらいまで減らします。次に、砕いたトマト、バジル、塩、コショウを加えます。弱火で 30 分ほど煮込みます。

e) フィリングを作るには、強火にかけた大きなソテーパンにオリーブオイル、ナス、ズッキーニ、カボチャ、トマト、ニンニク、赤玉ねぎを少量加えます。塩と挽きたての黒コショウで味付けします。

f) 組み立てるには、ソースを 22.9 × 33 cm (9 × 13 インチ) のグラタン皿の底に置きます。パスタシートを下に置き、軽く重ねて皿の底を覆います。ラタトゥイユをパスタシートの上に均等に加え、その上にモッツァレラチーズを振りかけます。反対方向に次のパスタシートの層を追加し、最上部に到達するか、具がすべて使用されるまで、これらの層を繰り返します。トップシートの上にソースを均等に注ぎ、さらにモッツァレラチーズを振りかけます。

g) ラザニアをオーブンに入れ、45 分〜1 時間ほど焼きます。カットし

てお召し上がりいただく前に、約 10 分間冷ましてください。

20. キャベツのラザニア

収量: 8 回分

材料

- 牛ひき肉　2 ポンド

- 玉ねぎ 1 個。みじん切り

- ピーマン　1 個。みじん切り

- 中玉キャベツ 1 個。細断された

- オレガノ　小さじ 1

- 塩　小さじ 1

- コショウ　小さじ 1/8

- 18 オンスのトマトペースト; また

- イタリア調味料のトマトペースト

- 8 オンスのモッツァレラチーズ。スライスされた

方向：

a)　ひき肉、玉ねぎ、ピーマンを肉が茶色になるまで炒めます。よく水を切ります。

b) その間に、キャベツを柔らかくなるまで 2〜5 分間茹でます。キャベツの液体 2 カップをオレガノ、塩、コショウ、トマトペーストと混ぜます。

c) 5 分間煮るか電子レンジで加熱します。肉と野菜の混合物を追加します。さらに 5 分間煮ます。トマトと肉の混合物の半分を 13×9 インチの鍋にスプーンで入れます。よく水を切ったキャベツをソースの上に重ね、次に残りのソースを重ねます。スライスチーズを上に乗せて覆います。

d) 400°F で 25〜40 分間焼きます。チーズは最後の 5 〜 10 分間に追加できます。電子レンジでしばらく加熱してからオーブンで仕上げると、調理時間を短縮できます。

21. チョコレートラザニア

収量: 6 回分

材料

- 小麦粉 1¾カップ

- 無糖ココアパウダー 大さじ 2

- 塩 ひとつまみ

- 特大卵 2 個

- 植物油 小さじ 2

- 全乳リコッタチーズ 4 カップ

- 生クリーム 2 カップ

- 砂糖 大さじ 6

- オレンジの皮 大さじ 1

- グランマルニエ 大さじ 2

- 塩 ひとつまみ

- 12 オンスのビタースウィートチョコレート、チョップド

方向：

a) ボウルに小麦粉、ココア、塩を入れて混ぜ、中央にくぼみを作ります。中央に卵と油を加え、フォークで混ぜて生地を作ります。生地が滑らかで光沢があるまで 15 分間こねます。生地がくっつかないように必要に応じて小麦粉を追加します。

b) ラップに包み、30 分ほど休ませます。パスタを手または機械で伸ばし、4-1/2 x 11 インチの細片を 8 つに切ります。

c) 沸騰した塩水で一度に 2 枚ずつ調理します。水が再沸騰してからわずか 20 秒で調理します。麺を冷水に浸して調理を止めます。冷めたらタオルの上に重ねて置き、水気を切ります。

d) すべてのフィリングの材料を合わせ、滑らかになるまで混ぜます。

組み立て方法: ラックをオーブンの上 3 分の 1 に入れて、オーブンを 425F に予熱します。

e) 8 インチ x 11 インチ x 2 インチの型にバターをたっぷり塗ります。麺、チーズフィリング、チョコレートの層を交互に重ね、最後にチーズの層を置きます。

f) 表面が薄く色づくまで 20〜25 分焼きます。ラザニアを 10 分間放置して固まったら、温かいうちにお召し上がりください。

22. アップルブレックファストラザニア

収量: 6 回分

材料

- サワークリーム　1 カップ

- ブラウンシュガー　1/3 カップ；詰め込まれた

- 冷凍フレンチトースト　12 枚

- 茹でたハム　1/2 ポンド

- チェダーチーズ　2 1/2 カップ；細断された

- アップルパイフィリング　1 缶

- グラノーラ　1 カップ

方向：

a)　小さなボウルに砂糖とサワークリームを入れて混ぜます。蓋をして冷蔵します。

b)　油を塗った 9×13 型の底にフレンチトースト 6 枚を置きます。ハム、チーズ 2 カップ、残りのフレンチトースト 6 枚を天板に重ねます。

c) 詰め物を上に広げます。リンゴの上にグラノーラを振りかけます。350F に予熱したオーブンで 25 分間焼きます。

d) 残りの 1/2 カップのチェダーチーズをトッピングします。チーズが溶けてキャセロールが熱くなるまでさらに 5 分間焼きます。サワークリームミックスを添えてお召し上がりください

23. クラシック豆腐ラザニア

6 食分が作れます

材料

- 12 オンスのラザニアヌードル

- 1 ポンドの木綿豆腐、水を切り、砕いたもの

- 1 ポンドの柔らかい豆腐、水を切り、砕いたもの

- ニュートリショナルイースト　大さじ 2

- 新鮮なレモン汁　小さじ 1

- 塩　小さじ 1

- [1] 挽きたての黒胡椒　小さじ 1/4

- 新鮮なパセリのみじん切り　大さじ 3

- [1] ビーガンパルメザンチーズ　/2 カップ　またはパルマシオ

- 自家製マリナラソース　4 カップ

方向：

a) 沸騰した塩水の入った鍋で、麺を中火にかけ、時々かき混ぜながら

アルデンテになるまで約 7 分間茹でます。オーブンを 350°F に予熱します

。大きめのボウルに木綿豆腐と柔らかい豆腐を入れて混ぜ合わせます。ニュートリショナルイースト、レモン汁、塩、コショウ、パセリ、パルメザンチーズ 1/4 カップを加えます。よく混ざるまで混ぜます。

b) トマトソースの層をスプーンで 9 x 13 インチのグラタン皿の底に注ぎます。その上に茹でた麺の層を乗せます。豆腐混合物の半分を麺の上に均等に広げます。別の麺の層、続いてソースの層を繰り返します。

c) 残りの豆腐をソースの上に広げ、最後に麺とソースをかけて完成です。残りの 1/4 カップのパルメザンチーズを振りかけます。ソースが残っている場合は保存し、ラザニアと一緒にボウルに入れて熱いうちにお召し上がりください。

d) ホイルで覆い、45 分間焼きます。蓋を外してさらに 10 分焼きます。食べる前に 10 分間放置してください。

24. レッドチャードとベビーほうれん草のラザニア

6 食分が作れます

材料

- 12 オンスのラザニアヌードル

- オリーブオイル　大さじ 1

- ニンニク 2 片（みじん切り）

- 8 オンスの新鮮なレッドチャード、硬い茎を取り除き、粗く刻む

- 9 オンスの新鮮なベビーほうれん草、粗く刻んだ

- 木綿豆腐 1 ポンド（水切りして砕いたもの）

- 1 ポンドの柔らかい豆腐、水を切り、砕いたもの

- ニュートリショナルイースト　大さじ 2

- 新鮮なレモン汁　小さじ 1

- 新鮮な平葉パセリのみじん切り　大さじ 2

- 塩　小さじ 1

- [1]挽きたての黒胡椒　小さじ 1/4

- マリナラソース 31/2 カップ

方向：

a) 沸騰した塩水の入った鍋で、麺を中火にかけ、時々かき混ぜながらアルデンテになるまで約 7 分間茹でます。オーブンを 350°F に予熱します。

b) 大きな鍋に油を中火で熱します。にんにくを加えて香りが立つまで炒めます。フダンソウを加え、しおれるまでかき混ぜながら約 5 分間調理します。ほうれん草を加え、しおれるまでかき混ぜながらさらに約 5 分間調理を続けます。

c) 蓋をして柔らかくなるまで約 3 分間煮ます。蓋を外し、冷ますために置いておきます。手に取れるくらい冷めたら、野菜に残っている水分を取り除き、大きなスプーンで野菜を押し当てて余分な水分を絞り出します。大きなボウルに野菜を入れます。豆腐、ニュートリショナルイースト、レモン汁、パセリ、塩、コショウを加えます。よく混ざるまで混ぜます。

d) トマトソースの層をスプーンで 9 x 13 インチのグラタン皿の底に注ぎます。その上に麺の層を置きます。豆腐混合物の半分を麺の上に均等に広げます。さらに麺の層とソースの層を繰り返します。残りの豆腐混合物をソースの上に広げ、最後の層に麺、ソース、そしてパルメザンチーズをかけて完成します。

e) ホイルで覆い、45 分間焼きます。蓋を外してさらに 10 分焼きます。食べる前に 10 分間放置してください。

25. ロースト野菜のラザニア

6 食分が作れます

材料

- 中くらいのズッキーニ 1 本、1/4 インチのスライスに切る

- 中ナス 1 本、1/4 インチのスライスに切る

- 赤ピーマン 中 1 個（角切り）

- オリーブオイル 大さじ 2

- 塩と挽きたての黒胡椒

- 8 オンスのラザニアヌードル

- 木綿豆腐 1 ポンド（水気を切り、軽く叩いて水気を切り、砕いたもの）

- 1 ポンドの柔らかい豆腐、水を切り、軽く叩いて水気を切り、砕いたもの

- ニュートリショナルイースト 大さじ 2

- 新鮮な平葉パセリのみじん切り 大さじ 2

- 自家製マリナラソース 31/2 カップ

方向：

a) オーブンを 425°F に予熱します。軽く油を塗った 9 x 13 インチの天板にズッキーニ、ナス、ピーマンを広げます。油を回しかけ、塩、黒胡椒で味を調えます。野菜を柔らかく軽く茶色になるまで約 20 分間ローストします。オーブンから取り出し、冷ますために置いておきます。オーブンの温度を 350°F に下げます。

b) 沸騰した塩水の入った鍋で、麺を中火にかけ、時々かき混ぜながらアルデンテになるまで約 7 分間茹でます。水を切って脇に置きます。大きめのボウルに豆腐とニュートリショナルイースト、パセリ、塩コショウを入れて混ぜ合わせます。よく混ぜます。

c) 組み立てるには、9 x 13 インチのグラタン皿の底にトマトソースの層を広げます。ソースの上に麺の層を乗せます。麺の上にローストした野菜の半分を乗せ、豆腐の混合物の半分を野菜の上に広げます。

d) これを繰り返して麺を重ね、さらにソースをかけます。残りの野菜と豆腐を混ぜたものを重ねて重ね、最後に麺とソースを重ねます。上にパルメザンチーズをふりかけます。

e) 蓋をして 45 分間焼きます。蓋を外してさらに 10 分焼きます。オーブンから取り出し、カットする前に 10 分間放置します。

26. ラディッキオとキノコのラザニア

6 食分が作れます

材料

● オリーブオイル 大さじ 1

● ニンニク 2 片（みじん切り）

● 小さな頭のラディッキオ 1 個（細切り）

● 8 オンスのクレミニマッシュルームを軽く洗い、軽く叩いて水気を切り、薄くスライスします。

● 塩と挽きたての黒胡椒

● 8 オンスのラザニアヌードル

● 木綿豆腐 1 ポンド（水気を切り、軽く叩いて水気を切り、砕いたもの）

● 1 ポンドの柔らかい豆腐、水を切り、軽く叩いて水気を切り、砕いたもの

● ニュートリショナルイースト 大さじ 3

- 新鮮なパセリのみじん切り 大さじ 2

- 自家製マリナラソース 3 カップ

方向：

a)　大きなフライパンに油を中火で熱します。ニンニク、ラディッキオ、キノコを加えます。蓋をして時々かき混ぜながら、柔らかくなるまで約 10 分間煮ます。塩、こしょうで味を調え、置いておく

b)　沸騰した塩水の入った鍋で、麺を中火にかけ、時々かき混ぜながらアルデンテになるまで約 7 分間茹でます。水を切って脇に置きます。オーブンを 350°F に予熱します。

c)　大きめのボウルに木綿豆腐と柔らかい豆腐を入れて混ぜ合わせます。ニュートリショナルイーストとパセリを加え、よく混ざるまで混ぜます。ラディッキオとキノコの混合物を混ぜ、塩とコショウで味を調えます。

d)　トマトソースの層をスプーンで 9 x 13 インチのグラタン皿の底に注ぎます。その上に麺の層を置きます。豆腐混合物の半分を麺の上に均等に広げます。別の麺の層、続いてソースの層を繰り返します。残り

の豆腐を上に広げ、最後に麺とソースを乗せて完成です。上に砕い

たクルミを振りかけます。

e) ホイルで覆い、45 分間焼きます。蓋を外してさらに 10 分焼きま

す。食べる前に 10 分間放置してください。

27. ラザニア　プリマベーラ

6〜8 人前が作れます

材料

- 8 オンスのラザニアヌードル

- オリーブオイル 大さじ 2

- 小さな黄玉ねぎ 1 個（みじん切り）

- ニンニク 3 片（みじん切り）

- 6 オンスの絹ごし豆腐（水切り）

- 普通の無糖豆乳 3 カップ

- ニュートリショナルイースト 大さじ 3

- [1]ナツメグ粉末 小さじ 1/8

- 塩と挽きたての黒胡椒

- 刻んだブロッコリーの小花 2 カップ

- にんじん中 2 本（みじん切り）

- 小さなズッキーニ 1 本、縦半分または 4 等分にし、1/4 インチ
のスライスに切ります。

- 赤ピーマン 中 1 個（みじん切り）

- 2 ポンドの木綿豆腐、水気を切り、軽くたたいて水気を切る

- 新鮮な平葉パセリのみじん切り 大さじ 2

- [1]ビーガンパルメザンチーズ /2 カップ またはパルマシオ

- [1]挽いたアーモンドまたは松の実 /2 カップ

方向：

a) オーブンを 350°F に予熱します。沸騰した塩水の入った鍋で、麺を中火にかけ、時々かき混ぜながらアルデンテになるまで約 7 分間茹でます。水を切って脇に置きます。

b) 小さなフライパンに油を中火で熱します。玉ねぎとにんにくを加え、蓋をし、柔らかくなるまで約 5 分間煮ます。玉ねぎ混合物をブレンダーに移します。絹ごし豆腐、豆乳、ニュートリショナルイースト、ナツメグ、塩コショウを加えて味を調えます。滑らかになるまでブレンドし、置いておきます。

c) ブロッコリー、ニンジン、ズッキーニ、ピーマンを柔らかくなるまで蒸します。暑さから削除。木綿豆腐を大きめのボウルに崩して入れます。パセリとパルメザンチーズ 1/4 カップを加え、塩とコショウで味を調えます。よく混ざるまで混ぜます。蒸し野菜を加えてよく混ぜ、必要に応じて塩とコショウを追加します。

d) 軽く油を塗った 9×13 インチのグラタン皿の底に、ホワイトソースの層をスプーンで注ぎます。その上に麺の層を置きます。豆腐と野菜を混ぜた半分を麺の上に均等に広げます。麺の層をもう 1 層繰り返し、続いてソースの層を重ねます。

e) 残りの豆腐混合物を上に広げ、最後の層の麺とソースで仕上げ、最後に残りの 1/4 カップのパルメザンチーズで終わります。ホイルで覆い、45 分間焼きます。

28. テックスメックスラザニア

6～8 人前が作れます

材料

● ラザニア麺 12 個

● 調理済みのカップ 3 カップ、またはピントビーンズ缶 2 (15.5 オンス) を水切りし、すすいでください。

● 乾燥オレガノ 小さじ1

● チリパウダー 小さじ1

● [1] クミン粉 小さじ 1/2

● 木綿豆腐 1 ポンド（水切り）

● みじん切りにしたマイルドグリーンチリ 1 缶（4 オンス）、水気を切る

● [1] 種抜きブラックオリーブスライス /4 カップ

● 新鮮なコリアンダーのみじん切り 大さじ2

● 塩と挽きたての黒胡椒

● 自家製トマトサルサ 4 カップ

方向：

a) 沸騰した塩水の入った鍋で、麺を中火にかけ、時々かき混ぜながらアルデンテになるまで約 7 分間茹でます。水を切って脇に置きます。オーブンを 375°F に予熱します。

b) 大きなボウルにピントビーンズ、オレガノ、チリパウダー、クミンを入れて混ぜます。豆をよく潰し、調味料を加えます。脇に置いておきましょう。別の大きなボウルに豆腐、チリ、ネギ、オリーブ、コリアンダー、塩コショウを入れて混ぜ合わせ、味を調えます。よく混ぜて置いておきます。

c) 1/2 カップのサルサを 9×13 インチのグラタン皿の底に広げます。サルサの上に麺を 4 本並べます。豆混合物の半分を麺の上に広げ、続いてサルサ 1/2 カップをさらに加えます。その上に麺 4 本を乗せ、その上に豆腐を乗せて均等に広げます。その上にサルサ 1 カップを乗せ、続いて残りのビーンズミックスを乗せ、残りの麺を乗せます。残りのサルサを上に塗ります。

d) ホイルで覆い、熱く泡立つまで 45〜50 分間焼きます。お召し上がりになる前に、蓋を開けて 10 分間放置してください。

29. 黒豆とかぼちゃのラザニア

6〜8 人前が作れます

材料

- ラザニア麺 12 個

- オリーブオイル 大さじ 1

- 中くらいの黄玉ねぎ 1 個、みじん切りにする

- 赤ピーマン 中 1 個（みじん切り）

- ニンニク 2 片（みじん切り）

- 調理済みの 11/2 カップ、または黒豆 1 缶（15.5 オンス）、

水を切り、すすぎます

- (14.5 オンス) クラッシュトマト缶

- チリパウダー 小さじ 2

- 塩と挽きたての黒胡椒

- 木綿豆腐 1 ポンド（よく水切り）

- 新鮮なパセリまたはコリアンダーのみじん切り 大さじ 3

- かぼちゃピューレ 1 缶（16 オンス）

● トマトサルサ 3 カップ

方向：

a) 沸騰した塩水の入った鍋で、麺を中火にかけ、時々かき混ぜながらアルデンテになるまで約 7 分間茹でます。水を切って脇に置きます。オーブンを 375°F に予熱します。

b) 大きなフライパンに油を中火で熱します。玉ねぎを加えて蓋をし、しんなりするまで煮ます。ピーマンとニンニクを加え、柔らかくなるまでさらに 5 分間煮ます。豆、トマト、小さじ 1 杯のチリパウダー、塩、黒コショウを加えて混ぜます。よく混ぜて置いておきます。

c) 大きなボウルに豆腐、パセリ、残りの小さじ 1 杯のチリパウダー、塩、黒コショウを入れて混ぜます。脇に置いておきましょう。中くらいのボウルにカボチャとサルサを入れ、よく混ぜ合わせます。塩とコショウで味を調えます。

d) 約 3/4 カップのカボチャ混合物を 9×13 インチのグラタン皿の底に広げます。麺 4 本を乗せます。その上に豆の混合物の半分を乗せ、続いて豆腐の混合物の半分を乗せます。

e) その上に麺 4 本を乗せ、その上にカボチャの混合物を重ね、その上に残りの豆の混合物を乗せ、その上に残りの麺を乗せます。

f) 残りの豆腐混合物を麺の上に広げ、続いて残りのかぼちゃ混合物を鍋の端まで広げます。

g) ホイルで覆い、熱く泡立つまで約 50 分間焼きます。蓋を開け、カボチャの種を散らし、食べる前に 10 分間放置します。

30. ホワイトソースラザニア

材料

トマトソース層

- オリーブオイル 大さじ 6

- 玉ねぎ 1 個（みじん切りまたはすりおろし）

- 1/2 ポンドの赤身のひき肉

- ニンニク 3 片（みじん切り）

- トマトペーストの小缶

- 角切りトマト 6 カップをミキサーでピューレにする

- オレガノ 小さじ 2

- 月桂樹の葉 2 枚

- 塩とコショウで味付けする

ホワイトソース層

- バター 大さじ 3

- 小麦粉 大さじ 3

- 牛乳 3〜1/2 カップ

- 8 オンス。または細切りモッツァレラチーズ 2 カップ

- 以下も必要になります。

- オーブンで調理できるラザニアヌードル 1 ポンド

- ホワイトソースのラザニア

方向

a) トマトソースを作るには、大きなフライパンに油を入れ、玉ねぎ、にんにく、牛ひき肉を炒めます。牛肉のピンク色がなくなるまで煮て、脂を落として再度火にかける。トマト、トマトペースト、オレガノ、月桂樹の葉を加え、塩とコショウで味付けします。ホワイトソースを準備している間、15〜20分間煮ます。

b) ホワイトソースを作るには、鍋にバターを溶かします。小麦粉を混ぜてルーを作ります。牛乳をゆっくりと混ぜ合わせ、数分間沸騰させてとろみをつけます。時々かき混ぜ続けます。数分後、チーズを加え、溶けるまでかき混ぜます。熱を取り除きます。

c) お玉 1/2 カップ以下のトマトソースをグラタン皿の底に置きます。ラザニア麺をソースの上に重ねます。麺の上にホワイトソースを塗ります。鍋がいっぱいになるまでトマトソース、麺、ホワイトソースを重ね続けます。

d) 麺の上部にトマトまたはホワイトソースの液体の層があることを確認してください。350 度で 30〜40 分間、または麺が柔らかくなるまで焼きます。

31. カッテージチーズのラザニア

材料

カッテージチーズ混合物

● モッツァレラチーズ 1 カップ（細切り）

● グリュイエールチーズ（細切り） 1 カップ

● カッテージチーズ 2 カップ

● すりおろしたパルメザンチーズ 3/4 カップ

● パセリ 大さじ 2

● イタリアンシーズニング 大さじ 1

● 卵 1 個（溶きほぐす）

● 塩とコショウ ひとつまみ

● トッピング用にグリュイエールチーズとモッツァレラチーズを取っておきます。ミキシングボウルにチーズ、卵、調味料を入れて混ぜ合わせます。一緒にかき混ぜます。

ラザニアの材料

● ラザニアヌードル 12 本、パッケージの指示に従って調理します。

- スパゲッティまたはトマトソース　4 カップ

方向：

a) ラザニアを組み立てるには、麺を調理するか、すぐに使える麺を使用します。キャセロール皿の底にスパゲッティソースを少量注ぎます。

b) 麺、チーズミックス、スパゲッティソースを重ねます。混合物がなくなるまで層を作り続けます。残りのグリュイエールチーズとモッツァレラチーズをトッピングします。アルミホイルをふんわりかぶせ、350 度のオーブンで 30 分焼きます。

c) ホイルを外し、チーズが茶色になるまで 15 分間焼き続けます。

32. ラザニアスープ

材料

- 水 1 カップ

- トマトペースト 1 缶

- ニンニク 2 片（みじん切り）

- ピーマン 1 個（小さめの角切り）

- 玉ねぎ 1 個（小さくみじん切りにするかすりおろします）

- 28 オンス トマト缶（ピューレまたはみじん切り）

- イタリアンシーズニング 小さじ 1 と 1/2

- 2 カップパスタ、マファルダと呼ばれる小さなラザニア麺が入ってい

て、使うのが楽しいです

- スープ麺

方向：

a) 大きなストックポットまたはスープパンで、肉、ピーマン、ニンニク、

玉ねぎを牛肉に火が通るまで炒めます。脂を落として鍋に戻します。

b) トマト、トマトペースト、水、調味料を加えて混ぜます。パスタを加

え、パスタが完成するまで煮ます。

33. ペパロニラザニア

一人前: 12

材料

- 3/4 ポンドの牛ひき肉

- 挽いた黒コショウ 小さじ 1/4

- サラミ 1/2 ポンド（みじん切り）

- ラザニア麺 9 個

- ペパロニソーセージ 1/2 ポンド（みじん切り）

- 4 C.シュレッドモッツァレラチーズ

- 玉ねぎ 1 個（みじん切り）

- 2C.カッテージチーズ

- トマト煮込み缶 2 缶（14.5 オンス）

- ホワイトアメリカンチーズ 9 枚

- 16 オンス トマトソース

- すりおろしたパルメザンチーズ

- 6 オンス トマトペースト

- ガーリックパウダー　小さじ 1

- 乾燥オレガノ　小さじ 1

- 塩　小さじ 1/2

方向

a) ペパロニ、牛肉、玉ねぎ、サラミを 10 分間炒めます。余分な油分を取り除きます。コショウ、トマトソースとペースト、塩、トマト煮込み、オレガノ、ガーリックパウダーを加えて、すべてを低温のスロークッカーに入れて 2 時間煮ます。

b) 続行する前に、オーブンを 350 度に設定します。

c) ラザニアを塩水でアルデンテになるまで 10 分間茹で、水をすべて取り除きます。

d) グラタン皿にソースを軽くかぶせ、麺 1/3 個、モッツァレラチーズ 1 1/4 度、カッテージチーズ 2/3 度、アメリカンチーズスライス、パルメザンチーズ 小さじ 4、肉 1/3 を重ねます。皿がいっぱいになるまで続けます。

e) 30 分間調理します。

34. スペイン風ラザニア

一人前: 12

材料

- 4 C. 缶詰トマト缶

- リコッタチーズ 1 (32 オンス) 容器

- グリーンチリの角切り 1 缶 （7 オンス）

- 卵 4 個、軽く溶きます

- ハラペーニョピーマンの角切り 1 缶 （4 オンス）

- 1 (16 オンス) パッケージ メキシコ風細切り 4 個 玉ねぎ 1 個

、みじん切り

- チーズブレンド

- ニンニク 3 片 （みじん切り）

- 調理不要のラザニアヌードル 1 (8 オンス) パッケージ

- 新鮮なコリアンダーの小枝 10 本 （みじん切り）

- グラウンドクミン 大さじ 2

- 2 ポンド チョリソーソーセージ

方向：

a) 以下のものを 2 分間煮てから、弱火で 55 分間煮ます：コリアン

ダー、トマト、クミン、青唐辛子、ニンニク、タマネギ、ハラペーニョ。

b) ボウルを用意し、溶き卵とリコッタチーズを混ぜます。

c) 続行する前にオーブンを 350 度に設定します。

d) チョリソーを炒めます。その後、余分な油を取り除き、肉をほぐしま

す。

e) グラタン皿にソースを軽くかぶせ、ソーセージ、ソースの 1/2、シュレッ

ドチーズ 1/2、ラザニアヌードル、リコッタチーズ、さらに麺、残りのソース

すべて、シュレッドチーズを重ねます。

f) ホイルに焦げ付き防止スプレーを塗り、ラザニアを覆います。蓋を

して 30 分、蓋をしないで 15 分調理します。

35. ビーガン リガトーニ バジル

一人前: 6 人分

材料

- リガトーニパスタ 1 1/2 (8 オンス) パッケージ

- フレッシュバジル 6 枚の葉を薄くスライスする

- オリーブオイル 大さじ 2

- 新鮮なコリアンダーの小枝 6 本（みじん切り）

- ニンニク 2 片（みじん切り）

- オリーブオイル 1/4℃

- 豆腐 1/2 パック（16 オンス）、水切りし、

- 立方体

- 乾燥タイム 小さじ 1/2

- 醤油 小さじ 1 1/2

- 小さな玉ねぎ 1 個（薄切り）

- 角切りの大きなトマト 1 個

- にんじん 1 本（みじん切り）

方向：

a) パスタをパッケージの表示に従って茹でます。

b) 大きな鍋を中火にかけます。そこにオリーブオイル大さじ 2 を入れて加熱します。にんにくを加えて 1 分 30 秒ほど炒めます。

c) タイムを豆腐と混ぜます。9 分間調理します。醤油を加えて混ぜ、火を止めます。

d) 大きなミキシングボウルを用意します。その中にリガトーニ、豆腐ミックス、玉ねぎ、トマト、ニンジン、バジル、コリアンダーを入れます。パスタサラダにオリーブオイルを回しかけ、お召し上がりください。

36. クラシックラザニア

一人前: 8

材料

- 1 1/2 ポンド　牛赤身挽肉

- 溶き卵　2 個

- 玉ねぎ　1 個（みじん切り）

- パートスキムリコッタチーズ　1 パイント

- ニンニク　2 片（みじん切り）

- すりおろしたパルメザンチーズ　1/2℃

- さいの目に切ったフレッシュバジル　大さじ 1

- 乾燥パセリ　大さじ 2

- 乾燥オレガノ　小さじ 1

- 塩　小さじ 1

- ブラウンシュガー　大さじ 2

- モッツァレラチーズ　1 ポンド（細切り）

- 塩　小さじ 1 1/2

- すりおろしたパルメザンチーズ 大さじ 2

- 角切りトマト 1 缶（29 オンス）

- トマトペースト 2 缶（6 オンス）

- 乾燥ラザニア麺 12 本

方向：

a) ニンニク、玉ねぎ、牛肉を 3 分間炒め、トマトペースト、バジル、角切りトマト、オレガノ、塩小さじ 1.5、ブラウンシュガーを加えて混ぜます。

b) 他の作業をする前に、オーブンを 375 度に設定します。

c) パスタを水と塩で 9 分間茹で始め、液体をすべて取り除きます。

d) ボウルを用意し、塩小さじ 1、卵、パセリ、リコッタチーズ、パルメザンチーズを混ぜ合わせます。

e) パスタの 3 分の 1 をキャセロール皿に置き、チーズミックスの半分、ソースの 3 分の 1、モッツァレラチーズの 1/2 をすべての上に置きます。

f) すべての材料が使い果たされるまで、この方法で層を続けます。

g) 次に、パルメザンチーズをさらに加えます。

h) ラザニアをオーブンで 35 分間焼きます。

i) 楽しみ。

37. トリッパのラザニア　全粒粉パスタ添え

8〜10 回分になります

材料

- 1 1/4 ポンド (567 g) ハニカムトライプ

- オリーブオイル 1/4 カップ (60 ml)

- 黄玉ねぎのみじん切り 1/2 カップ (84 g)

- 細かく刻んだセロリ 1/2 カップ (51 g)

- 皮をむき、細かく刻んだニンジン 1/2 カップ (70 g)

- サンマルツァーノトマトの大きめの丸ごと缶詰 3 個

- 全乳 4 カップ（946ml）

- すりおろしたパルメザンチーズ 1 1/2 カップ（150 g）

- コーシャソルトと挽きたての黒コショウ

- 1¾ポンド (794 g)全卵と全粒小麦の生地、厚さ 1/8 インチ (3 mm) 未満のシートに丸めます。

- 4 カップ（946ml）ベシャメル、温めた

方向：

a) 胃袋を調理するには、大きな鍋に塩水を入れて沸騰させます。トライプを加え、蓋をせず、安定した沸騰状態で 1 時間半煮ます。鍋を火から下ろし、トライプを液体の中で冷まします。胃袋が十分に冷めたら、液体から取り出し、幅 12 mm (12 mm) にスライスします。液体を捨て、トライプを脇に置きます。

b) 大きな鍋に油を入れて中火で加熱します。タマネギ、セロリ、ニンジンを加え、野菜が柔らかくなるまで、しかし茶色にならないまで 4〜6 分間炒めます。

c) トマトを手で潰しながら鍋に加えます。トマトが崩れ始めるまで混合物を 6〜8 分間調理します。

d) 牛乳を注ぎ、火を強火にして沸騰させます。トライプを加え、火を弱め、蓋をして、時々かき混ぜながら、トライプが柔らかくなり、液体の量がわずかに減るまで、約 2 時間煮込みます。

e) 混合が完了すると、ぼろ布のような粘稠度になるはずです。この時点で、鍋を火から下ろし、パルメザンチーズ 1/2 カップ (50 g) を

加えてかき混ぜます。ラグーを味見し、好みの味になるまで塩とコショウを加えます。温かくなり、少しとろみがつくまで冷まします。

f) その間に、軽く打ち粉をした作業台の上にパスタシートを置き、端を直角に切り取ります。13 x 9 インチ (33 x 23 cm) の鍋に合わせて切ります。他のサイズの鍋をお持ちの場合は、鍋に合わせてパスタをカットしてください。

g) 最初のパスタシートを長さ約 30 インチ (76 cm)、幅 3 1/2 〜 4 インチ (7.5 〜 10 cm) インチに切ります。

h) 2 枚目のパスタシートを同じ寸法、長さ 30 インチ (76 cm)、幅 3 1/2 〜 4 インチ (7.5 〜 10 cm) に切ります。残りのシートを長さ約 14 インチ (35.5 cm)、幅 4 インチ (10 cm) に切ります。合計 6 個あるはずです。作業中は、パスタに水を軽く霧吹きし、乾燥しないように清潔なキッチンタオルで覆います。

i) 大きめのボウルに氷水を用意しておきます。大きな鍋に塩水を入れて沸騰させます。密集を防ぐために数回に分けて作業し、パスタを

投入し、鍋に蓋をして水をすぐに沸騰させます。パスタを 30 秒茹でます。トングまたはスパイダーストレーナーを使用して、各ピースを氷水に約 30 秒間移して調理を停止し、キッチンタオルの上に平らに置き、軽くたたいて乾燥させます。

j) オーブンを 375°F (190°C) に加熱します。13×9 インチ（33×23cm）のグラタン皿にバターをたっぷり塗ります。用意しておいたグラタン皿に 76cm（30 インチ）のパスタ 2 本を縦に並べて、余った部分が皿の片方の端にかかるようにします。ラグーの約 4 分の 1 (約 1 カップ/237 ml) をスプーンでパスタの上に注ぎ、次にほぼ同量のベシャメルをスプーンでラグーの上に注ぎます。

k) パルメザンチーズ 1/4 カップ (25 g) を振りかけます。その上に長さ 35.5 cm (14 インチ) のパスタ 2 枚の層を置き、続いてラグーの層、ベシャメルの層、最初の層と同量のパルメザン チーズの層を重ねます。14 インチ (35.5 cm) の長さのパスタ、ラグー、ベシャメル、パルメザン チーズをもう 1 層重ねて繰り返します。

l)　はみ出したパスタを上に折り、その長さの端を皿のもう一方の端に押し込み、パッケージのようにラザニアを密封します。その上に、ラグー、ベシャメル、パルメザンチーズの最後の層を、やはり最初の層と同量で重ねます。

m)　ラザニアを表面がきつね色になるまで 45 分から 1 時間焼きます。オーブンから取り出して 15〜20 分放置し、正方形または長方形に切ります。

38. クラシックラザニア

一人前: 12

材料

- スイートイタリアンソーセージ　1 ポンド

- 塩　大さじ 1

- 3/4 ポンドの赤身のひき肉

- 挽いた黒コショウ　小さじ 1/4

- 玉ねぎのみじん切り　1/2C

- 新鮮なパセリの角切り　大さじ 4

- にんにく 2 片（みじん切り）

- ラザニア麺　12 個

- クラッシュトマト　1 缶（28 オンス）

- 16 オンス　リコッタチーズ

- トマトペースト　2 缶（6 オンス）

- 卵 1 個

- トマトソース缶　2 缶（6.5 オンス）

- 塩 小さじ 1/2

- 1/2℃の水

- モッツァレラチーズ 3/4 ポンド（スライス）

- 白砂糖 大さじ 2

- すりおろしたパルメザンチーズ 3/4℃

- 乾燥バジルの葉 小さじ 1 1/2

- フェンネルシード 小さじ 1/2

- イタリアンシーズニング 小さじ 1

方向：

a) ニンニク、ソーセージ、玉ねぎ、牛肉を肉が完全に火が通るまで炒めます。次に、次を追加します: 2

b) パセリ 大さじ 1、砕いたトマト、コショウ、トマトペースト、塩 大さじ 1、トマトソース、イタリアンスパイス、水、フェンネルシード、砂糖、バジル。

c) 混合物を沸騰させ、火を弱めに設定し、内容物を 90 分間静かに調理します。混合物を少なくとも 4 回かき混ぜます。

d) 次に、パスタを水と塩で 9 分間沸騰させ、液体を取り除きます。

e) ボウルを用意し、塩小さじ 1/2、リコッタチーズ、残りのパセリ、卵を混ぜます。

f) 他の作業をする前に、オーブンを 375 度に設定してください。

g) キャセロール皿の底に 1.5 度の肉とトマトの混合物を塗り、その上にラザニア 6 片を置きます。

h) チーズミックスの半分を加え、次にモッツァレラチーズの 1/3 を加えます。

i) 再び 1.5°のトマトミートミックスと 4 分の 1°のパルメザンチーズを加えます。

j) すべての材料が使い果たされるまで、この方法で層を続けます。

k) 最後はモッツァレラチーズとパルメザンチーズで締めくくりましょう。

l) 大きめのホイルを用意し、焦げ付き防止スプレーを塗り、キャセロ

ール皿をホイルで覆い、オーブンですべてを 30 分間調理します。

m) ホイルを外し、さらに 20 分間ラザニアを調理し続けます。

39. スキレットキノコとほうれん草のラザニア

作るもの:8 回分

材料：

- リコッタチーズ 16 オンス（丸ごと）

- 新鮮なみじん切りのバジル 1/4 カップ

- 卵 1 個（大）

- 8 オンスのイタリアンチーズブレンド、細切り

- パルメザンチーズ 2 オンス

- 塩と黒胡椒少々

- 大さじ 3。オリーブオイル、エクストラバージンオイル

- しいたけ 12 オンス

- 甘い玉ねぎ 1 個（薄切り）

- 赤ピーマン 1 個（薄切り）

- 5 オンスのほうれん草、ベイビー、フレッシュ

- ニンニク 2 片

- トマト缶 1,8 オンス（直火でローストして角切りにしたもの）

- ラザニア麺 12 個、焼きません

- アルフレッドソース 10 オンス（ライト）

方向：

a) まずオーブンを 400 度に予熱します。

b) オーブンが加熱されている間に、大きなボウルを使用し、ホールリコッタチーズ、刻んだバジル、大きめの卵、イタリアンチーズブレンド 1 カップ、およびパルメザンチーズ 1/4 カップを加えます。よくかき混ぜて、塩、黒コショウ少々 で味を調えます。

c) 大きなフライパンを中火から強火にかけます。オリーブオイル大さじ 1 を加えます。油が十分に温まったら、キノコを加えます。5〜7 分間、または薄茶色になるまで調理します。

d) さらに大さじ 1 杯のオリーブオイルをフライパンに加えます。油が十分に温まったら、玉ねぎのスライスとピーマンのスライスを加えます。4〜6 分間、または柔らかくなるまで調理します。大きなボウルに移します。

e) ボウルにキノコとトマトを加えます。よくかき混ぜて、塩、黒コショウ少々で味を調えます。

f) フライパンをきれいに拭き、残りのオリーブオイルを加えます。ラザニア麺 4 本をフライパンの底に入れます。野菜ミックスの 1/3 をトッピングします。

g) リコッタチーズ混合物を上に広げ、アルフレッドソースをその上に注ぎます。このレイヤーをあと 2 回繰り返します。残りのイタリアンチーズブレンドと残りのパルメザンチーズをトッピングします。

h) オーブンに入れて 30 分間、またはきつね色になるまで焼きます。取り出して、スライスしたバジルを添えてお召し上がりください。

40. トマトのラザニア　オリーブのタプナード添え

作るもの:6 回分

材料：

- 大さじ 4。無塩バターの

- ビダリア玉ねぎ 2 個（大きくて薄くスライス）

- 塩と黒胡椒少々

- 小さじ 1 と 1/2。白砂糖の

- ラザニア麺 12 個

- 大さじ 3。オリーブオイル、エクストラバージンオイル

- 大さじ 6。オリーブタプナード、ブラック

- トマト 2 個、ビーフステーキ

- 新鮮なローズマリー 2 本

- モッツァレラチーズ 8 オンス（細切り）

- バゲット 1 個（フレンチ）

方向：

a) 中くらいのフライパンを弱火から中火にかけます。バター大さじ 2 を加え、バターが溶けたら、スライスした玉ねぎと塩少々を加えます。10 分間、または玉ねぎが茶色になるまで調理します。

b) 白砂糖を加えて中火に上げます。5 分間、または玉ねぎが茶色になり始めるまで調理します。

c) 次に、大さじ 3 の水を加えてフライパンをディグレーズします。5〜8 分間、または玉ねぎが飴色になるまで煮続けます。脇に置いておきましょう。

d) この間、塩水を満たした大きな鍋を中火から強火にかけます。水を沸騰させ、ラザニア麺を入れます。8〜10 分間、またはラザニア麺が柔らかくなるまで調理します。水を切って鍋に戻します。麺の上にオリーブオイル大さじ 1 を垂らします。

e) 次にオーブンを 350 度に加熱します。オーブンが加熱されている間に、大きなグラタン皿にオリーブオイルを塗ります。

f)   麺 3 本をグラタン皿の底に敷きます。タプナード大さじ 2 を麺の上に広げます。次に、トマトの 1/3、ローズマリー小さじ 1、黒コショウ少々、カラメル化した玉ねぎの 1/3、モッツァレラチーズの 1/2 カップを加えます。さらに 2 つの層を繰り返し、その上にさらに 3 つのラザニア麺を置きます。残りのオリーブオイルを上からかける。

g)   グラタン皿をアルミホイルで覆います。オーブンに入れて 50 分間、または完全に火が通るまで焼きます。

h)   バゲットを大きめのパン粉にちぎります。

i)   次に、大きなフライパンを中火にかけます。残りのバターを加え、バターが溶けたらパン粉を加えます。コーティングして 5〜10 分間、または軽くトーストするまで調理します。

j)   ラザニアをオーブンから取り出し、パン粉と残りのモッツァレラチーズをトッピングします。オーブンに戻して 5 分間、またはチーズが完全に溶けるまで焼きます。

k) オーブンから取り出し、10 分間休ませてからお召し上がりください
。

41. アーティチョークとほうれん草のラザニア

作るもの: 8 回分

材料：

- クッキングスプレーとか

- ラザニア麺 9 個（生）

- 玉ねぎ 1 個（みじん切り）

- にんにく 4 片（みじん切り）

- 野菜スープ 1,14.5 オンス缶

- 大さじ 1。ローズマリー、新鮮で粗く刻んだもの

- アーティチョークの芯 1,14 オンス缶（水を切ってみじん切りにする）

- ほうれん草 1,10 オンスパック（冷凍、解凍し、刻んで水気を切っておく）

- 1,28 オンスのトマトソース瓶

- モッツァレラチーズ 3 カップ（細切りにして均等に分ける）

- フェタチーズ、ハーブ、ニンニクを砕いたもの 1,4 オンスパック

方向：

a) まずオーブンを 350 度に予熱します。オーブンが加熱されている間に、大きなグラタン皿にクッキングスプレーを吹きかけます。

b) 塩水を満たした大きな鍋を強火にかけます。お湯が沸騰し始めたら麺を入れます。8〜10 分間、または柔らかくなるまで調理します。パスタを湯切りして置いておきます。

c) 大きなフライパンを中火から強火にかけます。クッキングスプレーをスプレーし、フライパンが十分に熱くなったら、玉ねぎとニンニクを加えます。3 分間、または玉ねぎが柔らかくなるまで調理します。

d) 野菜スープの缶と新鮮なローズマリーを加えます。かき混ぜて混合し、この混合物を沸騰させます。アーティチョークの芯と水気を切ったほうれん草を加えます。

e) 火を弱めて蓋をします。パスタソースを加える前に 5 分間調理します。

f) アーティチョーク混合物の 1/4 をグラタン皿の底に広げます。この混合物に調理済みのラザニア麺 3 本を加えます。モッツァレラチーズ 3/4 カップを麺の上に振りかけます。この層をあと 2 回繰り返し、アーティチョークとモッツァレラチーズで終わるようにしてください。砕いたフェタチーズをトッピングします。

g) オーブンに入れてアルミホイルをかぶせて 40 分焼きます。アルミホイルを外し、さらに 15 分焼きます。

h) 取り出して 10 分間放置してからお召し上がりください。

42. ガーリックシュリンプのアルフレッドベイク

作るもの:4 人分

材料：

- 10 オンスのペンネ

- 大さじ 3。バターの

- ニンニク 3 片（みじん切り）

- 皮をむいて背わたを取り除いたエビ 1 ポンド

- 大さじ 3。パセリ、新鮮で粗く刻んだもの

- 大さじ 2。中力粉の

- 牛乳 3/4 カップ、全乳

- 低ナトリウムチキンスープ 1/4 カップ

- モッツァレラチーズ 1 カップ（細切り）

- 1/4 カップ+大さじ 2。パルメザンチーズ、細切り

- 黒胡椒と塩少々

- トマト 2 個（大きくて刻んだもの）

方向：

a)　オーブンを 350 度に加熱します。

b)　オーブンが加熱されている間に、塩を加えた水を入れた大きな鍋を強火にかけます。沸騰させます。お湯が沸騰したらペンネを加えて 8〜10 分、または柔らかくなるまで茹でます。柔らかくなったら、パスタを湯切りし、置いておきます。

c)　大きなフライパンを中火にかけます。スプーン一杯のバターを加えます。バターが溶けたら、みじん切りにしたニンニク、皮をむいたエビ、刻んだパセリを加えます。少量の塩で味付けし、片面 2 分、またはピンク色になるまで焼きます。エビを取り出して大きなお皿に移します。

d)　残りのバターをフライパンに加えます。溶けたら小麦粉を加え、滑らかになるまで泡立てます。1〜2 分間、または黄金色になるまで調理します。

e)　全乳と低ナトリウムチキンスープを加えます。かき混ぜてこの混合物を沸騰させます。細切りモッツァレラチーズ 3/4 カップと細切りパルメザン チーズ 1/4 カップを加えます。よくかき混ぜ、クリーミーな粘稠

度になるまで調理を続けます。少量の塩と黒コショウで味付けします。

f) エビをトマトと茹でたペンネと一緒にフライパンに戻します。混ぜ合わせます。ソースが濃すぎる場合は牛乳を追加してください。

g) パスタ混合物を大きなグラタン皿に注ぎます。残りのモッツァレラチーズとパルメザンチーズを上からふりかけます。

h) オーブンに入れて5〜7分間、またはチーズが完全に溶けるまで焼きます。

i) オーブンを焼き物に切り替え、皿を 3 分間、または表面が黄金色になるまで焼きます。

j) 取り出して、刻んだパセリを添えてすぐにお召し上がりください。

43. カプレーゼのパスタシェル詰め

作るもの:4 人分

材料：

- ジャンボシェル 15 個

- リコッタチーズ 2 カップ

- モッツァレラチーズ 1 カップ（細切り）

- サンドライトマト 3/4 カップ、オリーブオイルをパックし、みじん切り

にして均等に分ける

- 大さじ 2。新鮮なみじん切りのバジル

- 塩と黒胡椒少々

- 低ナトリウムチキンスープ 1/2 カップ

- 生クリーム 1/2 カップ

方向：

a) オーブンを 350 度に加熱します。

b) オーブンが加熱されている間に、塩水を入れた大きなスープポット を強火にかけます。沸騰させます。お湯が沸騰し始めたらパスタの殻 を入れます。パッケージの指示に従って柔らかくなるまで調理します。 水を切り、冷ますために置いておきます。

c) 大きなミキシングボウルを使用し、リコッタチーズ、細切りモッツァレ ラチーズ、刻んだバジル、トマトの半分を加えます。少量の塩と黒コシ ョウで味付けします。よくかき混ぜて混ぜます。

d) 次に、小さな鍋を弱火にかけ、チキンスープ、クリーム、残りのトマ トを加えます。この混合物を弱火にして 5 分間煮ます。

e) 大きなグラタン皿にソースを注ぎます。

f) リコッタチーズ混合物をスプーンでシェルに入れ、グラタン皿に加え ます。ソースをスプーンで貝殻の上に注ぎます。

g) オーブンに入れて 20 分間、またはチーズが溶けるまで焼きます。

取り出してすぐにお召し上がりください。

44. ペストとサツマイモのブカティーニ

作るもの:4 人分

材料：

- サツマイモ 1 個、皮をむき、立方体に切ります

- 赤玉ねぎ 1 個、小さなくし切りに切ります

- 1/3 カップ+大さじ 2。オリーブオイルを均等に分ける

- 塩と黒胡椒少々

- 新鮮なちぎったケール 4 カップ

- パセリ 1/2 カップ、平らな葉、新鮮なパセリ

- 2 オンスのパルメザンチーズ、おろしたて、追加用

- ニンニク 1 片

- 小さじ 2。レモンの皮の

- 大さじ 1 と 1/2。新鮮なレモン汁

- 12 オンスのブカティーニ

- 松の実、軽くトーストして盛り付け用

方向：

a) まずオーブンを 425 度に温めます。

b) オーブンが加熱されている間に、大きなベーキングシートを使用し、角切りのジャガイモ、玉ねぎのくし切り、およびオリーブオイル大さじ 2 を加えます。混ぜ合わせます。少量の塩と黒コショウで味付けします。

c) オーブンに入れて 24〜26 分間、またはジャガイモと玉ねぎが柔らかくなるまで焼きます。

d) この間にケールと刻んだパセリをフードプロセッサーに入れます。5 回、またはみじん切りになるまでパルスします。次に、パルメザンチーズ、ニンニク、新鮮なレモンの皮、新鮮なレモン汁を加えます。さらに 12 回パルスします。

e) 残りの 1/3 カップのオリーブオイルを混合物にゆっくりと注ぎ、パルスを続けます。少量の塩と黒コショウで味付けします。

f) 次にパスタを沸騰したお湯で柔らかくなるまで茹でます。茹で上がったらパスタを湯切りし、置いておきます。パスタの茹で汁は必ず 1/4 カップ取っておいてください。

g) 茹でたパスタ、作りたてのペスト、ローストした野菜を大きなボウルに加えます。混ぜ合わせます。パスタの茹で汁を注ぎ、再度混ぜ合わせます。

h) パルメザンチーズとトーストした松の実をトッピングしてすぐにお召し上がりください。

45. バッファローチキンアルフレッドベイク

作るもの:6 回分

合計準備時間:55 分

材料：

● バッファローソース 1/4 カップ

● ロティサリーチキン 2 カップ（角切り）

● アルフレッドソース 15 オンス

● モッツァレラチーズ 8 オンス（細切り）

● 調理済みのシェルパスタ 16 オンス

方向：

a) まずオーブンを 350 度に予熱します。

b) オーブンが加熱されている間に、小さなボウルを使用して、バッファローソースと角切りした鶏肉を加えます。よくかき混ぜて混ぜ、置いておきます。

c) 別の中くらいのボウルを使って、アルフレッドソース、茹でたシェルパスタ、3 オンスのモッツァレラチーズを加えます。よくかき混ぜて混ぜ、置いておきます。

d) パスタ混合物の半分を大きなグラタン皿にスプーンで入れます。鶏肉の混合物をトッピングし、残りのパスタ混合物で覆います。その上に残りのモッツァレラチーズを散らします。

e) アルミホイルで覆います。オーブンに入れて 30 分間焼きます。

f) この時間が経過したら、アルミホイルを取り外し、さらに 5〜10 分間、またはチーズが溶けて泡立つまで焼き続けます。

g) オーブンから取り出し、5 分間休ませてからお召し上がりください。

46. ケソマックアンドチーズ

作るもの:8 回分

材料：

- エルボーマカロニ 1 ポンド

- 塩と黒胡椒少々

- 12 オンスのアメリカンチーズ、ホワイト

- 8 オンスのチェダーチーズ、エクストラシャープ

- 大さじ 6。無塩バターの

- 大さじ 6。中力粉の

- 牛乳 4 カップ（全乳）

- 角切りにしたトマトとグリーンチリの 2,8 オンス缶

- グリーンチリ 1,8 オンス缶、マイルド

- 新鮮で粗く刻んだコリアンダーの葉 1/2 カップ

- 砕いたトルティーヤチップス 1 カップ

- 小さじ 1/2。チリパウダーの

方向：

a) まずオーブンを 425 度に温めます。

b) オーブンを温めている間に、鍋に水を入れてパッケージの表示に従ってパスタを茹でます。パスタが茹で上がったら、湯切りして置いておきます。

c) 中くらいのボウルにアメリカンチーズとチェダーチーズを加えます。よくかき混ぜて混ぜます。

d) 大きなダッチオーブンを中火にかけます。無塩バターを加えます。バターが溶けたら小麦粉を加えます。滑らかになるまで泡立て、1 分間調理します。牛乳を加えて泡立て器で混ぜます。8 分間、またはとろみがつくまで煮続けます。

e) トマト缶とチリを加えます。火から下ろす前に 2 分間調理します。

f) チーズ混合物 4 カップを加え、滑らかになるまでよくかき混ぜます。

g)　茹でたパスタとコリアンダーを加えます。よく混ぜ合わせ、塩、黒

胡椒少々で味を調えます。

h)　この混合物を油を塗った大きなグラタン皿に移します。

i)　トルティーヤチップス、粉末チリ、残りのチーズカップを小さなボウル

に加えます。よく混ぜてパスタの上にふりかけます。

j)　オーブンに入れて 12〜15 分焼きます。

k)　取り出してコリアンダーの飾りを添えてお召し上がりください。

47. クリーミーチキンとブロッコリーのペスト蝶ネクタイ

作るもの:4 人分

材料：

- ブロッコリー 2 カップ（小房に切る）

- 塩と黒胡椒少々

- バジル 1 束（新鮮で粗く刻んだもの）

- ニンニク 2 片

- エキストラバージンオリーブオイル 1/4 カップ

- 小さじ 2。レモンの皮、新鮮な

- おろしたてのパルメザンチーズ 3 オンス

- マスカルポーネ 4 オンス

- ロティサリーチキン 2 カップ（細切り）

- トーストして刻んだピーカンナッツ 1/3 カップ

- ファルファッレ 1/2 ポンド

- 小さじ 1/4。赤唐辛子のフレーク、砕いたもの

方向：

a)　まず、大きな鍋に塩を入れた水を中火にかけ、ブロッコリーを茹でます。5 分間または柔らかくなるまで調理します。大きなボウルに移します。

b)　パスタを水の隣に加え、パッケージの表示に従って茹でます。パスタが茹で上がったら、パスタを湯切りして置いておきます。

c)　フードプロセッサーを使用し、刻んだバジル、ニンニクのクローブ、砕いた赤唐辛子のフレーク、パルメザンチーズを加えます。みじん切りになるまで最高設定でパルスします。次にブロッコリーを加え、粗く刻むまで 4〜6 回パルスします。少量の塩と黒コショウで味付けします。

d)　マスカルポーネと一緒に大きなボウルにペストを加えます。茹でたパスタを加えて絡めます。鶏肉を加えて軽く混ぜてなじませます。

e)　すぐにお召し上がりください。

48. 赤玉ねぎとベーコンのスパゲッティ

作るもの:6 回分

材料：

- 塩と黒胡椒少々

- スパゲッティ 1 ポンド

- 厚切りベーコン 1 1/4 ポンド

- 赤玉ねぎ 1 個（中くらいの薄切り）

- 丸ごと皮をむいたトマト 1,8 オンス缶

- 小さじ 13 杯。赤唐辛子のフレーク、砕いたもの

- ペコリーノ ロマーノ 1 1/2 オンス

方向：

a) 大きな鍋に塩水を入れます。中火にかけ、水を沸騰させます。沸騰したらスパゲッティを加え、8〜10 分、または柔らかくなるまで茹でます。茹で上がったら水を切り、置いておきます。

b) 大きなフライパンを中火にかけます。ベーコンを加え、5 分間または柔らかくなるまで調理します。

c) 次に、スライスした赤玉ねぎを加え、10 分間、または玉ねぎが半透明になるまで調理し続けます。

d) トマト缶と砕いた赤唐辛子のフレークを加えます。よくかき混ぜて8 分間、またはソースが少なくなるまで調理を続けます。

e) パスタとパスタの茹で汁 1/4 カップをフライパンに加えます。よく混ぜて混ぜます。

f) 少量の塩とコショウで味付けします。ペコリーノ・ロマーノをふりかけてお召し上がりください。

49. ソーセージとブロッコリーのラーベのパスタ

作るもの:6 回分

材料：

- 12 オンスのイタリアンチキンソーセージ

- 大さじ 2。オリーブオイル、エクストラバージンオイル

- ブロッコリーレーベ 1 束

- カヴァテッリパスタ 1/2 ポンド

- ニンニク 4 片

方向：

a) チキンソーセージと水 1/2 カップを大きなフライパンに入れます。フライパンを弱火から中火にかけます。蓋をして 10 分間調理します。この後、ソーセージの水を切ります。ソーセージを 1/3 インチのスライスに切ります。

b) 同じフライパンにオリーブオイルを入れて中火〜強火にかける。チキンソーセージを加え、6 分間または茶色になるまで調理します。ソーセージを取り出して大きな皿に置きます。

c) 大きめの鍋に塩を加えた水を入れて中火にかけます。ブロッコリーのラーベを加え、1〜2 分間、または葉がわずかにしおれるまで調理します。ブロッコリーを大きなザルに移し、水気を切ります。

d) カヴァテッリを鍋に加え、パッケージの指示に従って調理します。

e) 同じフライパンを中火〜強火にかけ、ブロッコリーのラーベとニンニクを加えます。4 分間、またはブロッコリーが柔らかくなるまで調理します。ソーセージを加え、火を弱めます。

f) 茹でたカヴァテッリを濾し、パスタの茹で汁 1/2 カップを取っておきます。フライパンに水を入れ、パスタを入れます。鍋をディグレーズし、混ぜ合わせます。

g) 火から下ろし、すぐにお召し上がりください。

50. マカロニとグリュイエールチーズ

作るもの:8 回分

材料：

- エルボーマカロニ 1 ポンド

- すりおろしたグリュイエールチーズ 3 カップ

- ハーフアンドハーフ 3 カップ

- 卵黄 4 個（大）

- 大さじ 3。無塩バターの

- 塩少量

方向：

a) まず、オーブンを 325 度に温めます。

b) オーブンが加熱されている間に、塩水を入れた大きなスープポット
を中火から強火にかけます。水を沸騰させます。お湯が沸騰したらマ
カロニを入れます。パッケージの指示に従って調理します。茹で上がっ
たらマカロニの水を切り、流水で洗います。水を切り、大きなボウルに
入れます。

c) 調理したマカロニが入ったボウルにグリュイエールチーズ 2 と 2/3 カップを加えます。混ぜ合わせます。

d) 小さなボウルを使い、大きめの卵黄と溶かしバター大さじ 3 を半分ずつ加えます。よくかき混ぜて、この混合物を茹でたパスタの上に注ぎます。

e) この混合物を大きなグラタン皿に移します。アルミホイルで覆います。

f) オーブンに入れて 30 分間焼きます。この時間が経過したら、マカロニ皿をオーブンから取り出します。残りのグリュイエールチーズを上からふりかけます。

g) オーブンに戻し、20〜25 分間、または表面が黄金色になるまで焼きます。取り出してすぐにお召し上がりください。

51. チェリートマトの全粒粉スパゲッティ

作るもの:6 回分

材料：

- トマト、チェリー 2 パイント

- 塩と黒コショウ少々

- 新鮮なタイムの葉 1 小枝

- エキストラバージンオリーブオイル 1/2 カップ

- 小さじ 1 杯。オリーブオイル、エクストラバージンオイル

- スパゲッティ 1 ポンド（全粒小麦）

- 新鮮で粗く刻んだパセリ 1/3 カップ

- 大さじ 6。リコッタチーズの

方向：

a) まず、オーブンを 325 度に温めます。

b) オーブンが加熱されている間に、トマトを大きな天板に置きます。

少量の塩とタイムの葉をふりかけて味付けします。その上からオリーブ

オイル 1/4 カップを注ぎます。

c) オーブンに入れて 20〜25 分間、または柔らかくなるまでローストします。

d) 大きな鍋に塩水を入れて中火にかけます。水を沸騰させます。沸騰したらスパゲッティを加えます。8〜10 分間、または柔らかくなるまで調理します。水を切り、大きなボウルに入れます。

e) 刻んだパセリ、オリーブオイル 1/4 カップ、ローストしたトマトを茹でたスパゲッティの入ったボウルに加えます。少量の塩と黒コショウで味付けします。混ぜ合わせます。

f) リコッタチーズ大さじ 1 とオリーブオイル小さじ 1 を上からかけて、すぐにお召し上がりください。

52. フェットチーネ アルフレッド

作るもの:6 回分

材料：

- フェットチーニ パスタ 24 オンス（乾燥）

- バター 1 カップ

- 生クリーム 3/4 パイント

- 塩と黒胡椒少々

- ガーリックソルト少々

- すりおろしたロマーノチーズ 3/4 カップ

- すりおろしたパルメザンチーズ 1/2 カップ

方向：

a) 大きな鍋に塩水を入れます。中火〜強火にかけ、水を沸騰させます。水が沸騰したら、フェットチーニパスタを加え、8〜10 分間、または柔らかくなるまで調理します。柔らかくなったら、パスタを湯切りし、置いておきます。

b)　次に、大きな鍋を使用して弱火にかけます。バターを加えます。バターが溶けたら生クリームを加えます。

c)　ソースに塩と黒コショウを少々加えて味付けします。ガーリックソルトを少し加えて味付けします。

d)　ロマーノチーズとパルメザンチーズを加えます。チーズが溶けてとろみがつくまでかき混ぜます。

e)　パスタをソースに加えて絡めます。

f)　火から下ろし、すぐにお召し上がりください。

53. マカロニ＆チーズとチキン

作るもの:4 人分

合計準備時間:1 時間 20 分

材料：

- 大さじ 3。無塩バターの

- 海塩　小さじ 1 と 1/2

- 黒胡椒と塩少々

- ペンネパスタ　1/2 ポンド

- 大さじ 1。オリーブオイル、エクストラバージンオイル

- 玉ねぎ　1 個（小さくて薄くスライス）

- 燻製してすりおろしたモッツァレラチーズ　1 1/2　カップ

- 調理して細切りにしたローストチキン　1 1/2　カップ

- すりおろしたパルミジャーノ・レッジャーノチーズ　1 カップ

- 大さじ 1。ローズマリー、新鮮で粗く刻んだもの

- 大さじ 3。中力粉の

- 牛乳　2 1/2　カップ（全乳）

- ニンニク 2 片

方向：

a) まずオーブンを 450 度に温めます。オーブンが加熱されている間に、大きなグラタン皿にバターを塗ります。

b) 塩水を満たした大きな鍋を中火から強火にかけます。お湯が沸騰したらペンネパスタを入れます。11 分間、またはパスタが柔らかくなるまで調理します。一旦柔らかくなります。パスタを湯切りし、冷水にさらします。パスタを再び湯切りし、大きめのボウルに入れます。

c) 中くらいのフライパンを中火にかけます。オリーブオイルを加え、オイルが十分に熱くなったら、スライスした玉ねぎとひとつまみの海塩を加えます。10 分間、または玉ねぎが柔らかく黄金色になるまで調理します。パスタに玉ねぎを加えて混ぜ合わせます。

d) モッツァレラチーズ、ローストチキン、パルメザンチーズ 2/3 カップ、新鮮なローズマリーをパスタと玉ねぎの入ったボウルに加えます。混ぜ合わせます。

e)　中型の鍋を使用し、弱火から中火にかけます。バターを加えます。バターが溶けたら中力粉を加えます。3 分間または滑らかになるまで泡立てます。次に、牛乳を加え、混ざるまで泡立て続けます。

f)　ニンニクのクローブと小さじ 1 と 1/2 を加えます。海塩の。かき混ぜて混合物を沸騰させます。火を弱め、混合物が濃くなるまで泡立てながら調理を続けます。ニンニクを取り出し、ソースをパスタに加えます。

g)　コショウ少々で味付けします。パスタを絡めるように和える。

h)　混合物を油を塗ったグラタン皿に移します。

i)　残りのパルメザンチーズを上からふりかけ、コショウ少々で味を調えます。

j)　オーブンに入れて 12〜15 分間、またはきつね色になるまで焼きます。取り出して 15 分間放置してからお召し上がりください。

54. ソーセージ、エンドウ豆、キノコのリガトーニ

作るもの: 6 回分

材料：

- イタリアンソーセージ 1 1/4 ポンド（甘口）

- 塩と黒胡椒少々

- 12 オンスのリガトーニ

- 白いキノコ（大） 12 個

- 辛口白ワイン 1/2 カップ

- ニンニク 1 片（丸ごと）

- 新鮮なタイム 1 小枝

- タイムの葉（飾り用）

- 新鮮なエンドウ豆 1 1/2 カップ

- 生クリーム 1 カップ

- 大さじ 2。無塩バターの

方向：

a) 大きなフライパンを中火にかけます。ソーセージと 1 1/4 カップの水を加えます。まな板に移す前に 10 分間調理します。厚めのコイン状にスライスします。水を捨てます。

b) 同じフライパンを中火から強火にかけて、ソーセージコインを加え、片面 3〜4 分、または焼き色がつくまで焼きます。取り出して大きめのお皿に置きます。

c) この間、塩水を満たした大きな鍋を強火にかけます。お湯が沸騰したらリガトーニを加えます。パッケージの表示に従って調理し、水気を切ります。パスタの茹で汁は必ず 1/3 カップ取っておいてください。脇に置いておきましょう。

d) 同じフライパンを中火〜強火にかけ、キノコを加えます。ソーセージの脂肪の中で 8 分間、または黄金色になるまで調理します。

e) ドライワインを加え、フライパンの底をデグレーズします。

f) ソーセージをフライパンに加えます。取っておいたパスタの茹で汁と新鮮なエンドウ豆を加えます。生クリームを加えて混ぜ合わせます。6〜8 分間、または混合物が濃くなるまで調理を続けます。タイムとニンニクを取り除きます。

g) バターを加え、塩と黒コショウ少々で味を調えます。

h) 茹でたリガトーニを加えて和える。2〜3 分間調理します。

i) 火から下ろし、タイムの飾りを添えてお召し上がりください。

55. ウォッカのクラシックペンネ

作るもの:6 回分

合計準備時間:45 分

材料：

- 大さじ 2。オリーブオイル、エクストラバージンオイル

- ニンニク 2 片 （みじん切り）

- 丸ごと皮をむいたトマト缶 1,28 オンス

- 新鮮で粗く刻んだバジル 1/2 カップ

- 塩と黒胡椒少々

- ウォッカ 1/4 カップ

- ペンネパスタ 1 ポンド

- 生クリーム 1 パイント

方向：

a) 大きなフライパンを中火にかけます。オリーブオイルを加え、油が十分に温まったらニンニクを加えます。1〜2 分間調理します。

b) トマトを加えてフォークで崩します。

c) みじん切りしたバジルを加え、塩、黒こしょう各少々で味を調えます。15 分間煮ます。

d) ウォッカを加えてよく混ぜて混ぜます。さらに 15 分間調理を続けます。

e) この間にパスタを作ります。これを行うには、塩水を満たした大きな鍋を強火にかけます。お湯が沸騰し始めたら、ペンネパスタを加えます。8〜10 分間、または柔らかくなるまで調理します。水を切って脇に置きます。

f) 生クリームをソースに加え、10 分間煮続けます。

g) 火から下ろし、茹でたパスタを加えます。混ぜてすぐにお召し上がりください。

56. ロブスターとヌードルのキャセロール

作るもの:4 人分

合計準備時間:1 時間

材料：

- 新鮮なロブスター 2 匹

- 大さじ 3。塩の

- 小さじ 1/2。塩の

- 大さじ 3。バターの

- エシャロット 1 個

- 大さじ 1。トマトペーストの

- ニンニク 3 片

- ブランデー 1/4 カップ

- 生クリーム 1/2 カップ

- 小さじ 1 杯。黒胡椒の

- 卵麺 1/2 ポンド

- 大さじ 1。新鮮なレモン汁

- タイム 6 枝

方向：

a) まず最初にロブスターを調理します。これを行うには、大きなボウルに半分まで氷水を入れます。脇に置いておきましょう。

b) 次に、大きな鍋に水を入れて強火にかけます。塩大さじ 3 を加えて水を沸騰させます。お湯が沸騰したらロブスターを入れます。火を弱め、蓋をしたまま 4 分間煮ます。

c) この時間が経過したら、すぐにロブスターを準備した氷浴に移します。

d) 冷めたら殻を割り、尻尾と爪の部分の身を取り除きます。殻を脇に置きます。

e) ロブスターの身を小さく切ります。脇に置いておきましょう。

f) まずオーブンを 350 度に温めます。オーブンが加熱されている間に、大きなグラタン皿を用意し、小麦粉 1 カップとバターを塗ります。

g)　中くらいのフライパンを中火にかけ、バターを加えます。バターが溶けたらエシャロットを加えます。1～2 分間、または柔らかくなるまで調理します。

h)　次に、取っておいたパスタの皮、トマトペースト、ニンニクを加えます。よくかき混ぜて 5 分間調理します。

i)　フライパンを火から下ろし、ブランデーを加えます。再び火にかけ、泡立てて混ぜます。火を弱め、1 1/2 カップの水を加えます。15 分間、またはとろみがつくまで調理を続けます。

j)　混合物を濾し、小さじ 1/2 のクリームを加えます。塩と小さじ 1。黒胡椒の。

k)　クリームをフライパンに戻し、卵麺、調理したロブスター肉、新鮮なレモン汁を加えます。コートに投げます。

l)　混合物を準備しておいたグラタン皿に注ぎます。アルミホイルで覆い、オーブンに入れて 20 分間、またはロブスターの肉に完全に火が通るまで焼きます。

m) 取り出して、タイムの小枝を添えてすぐにお召し上がりください。

57. ソーセージ、トマト、クリームの蝶ネクタイ

作るもの:6 回分

材料：

● 蝶ネクタイパスタ 1,12 オンスパック

● 大さじ 2。オリーブオイル、エクストラバージンオイル

● 1 ポンドのイタリアンソーセージ、甘い、ケーシングを取り除き、砕い

たもの

● 小さじ 1/2。赤唐辛子のフレーク、砕いたもの

● 玉ねぎ 1/2 カップ（みじん切り）

● ニンニク 3 片（みじん切り）

● 1,28 オンスのプラムトマト缶（イタリア産）、水を切って粗く刻む

● 生クリーム 1 1/2 カップ

● 小さじ 1/2。塩の

● 大さじ 3。新鮮なみじん切りのパセリ

方向：

a) まず、塩水を満たした大きな鍋を強火にかけます。水を沸騰させ、蝶結びパスタを加えます。8～10 分間、または柔らかくなるまで調理します。水を切って脇に置きます。

b) 大きなフライパンを中火にかけます。オリーブオイルを加えます。油が十分に熱くなったら、ソーセージと砕いた赤唐辛子のフレークを加えます。5～10 分間、または茶色になるまで調理します。

c) 次に、スライスした玉ねぎとみじん切りにしたニンニクを加えます。よくかき混ぜて 5 分間、または玉ねぎが柔らかくなるまで調理を続けます。

d) トマト、生クリーム、小さじ 1/2 を加えます。塩の。かき混ぜて 8～10 分間煮ます。

e) この後、茹でたパスタを加えて和える。1～2 分間、または熱々になるまで調理します。

f) 火から下ろし、新鮮なパセリをふりかけてすぐにお召し上がりください。

58. トルコとポルチーニ テトラッツィーニ

作るもの:6 回分

材料：

- 乾燥ポルチーニ茸　1 パック

- ローストターキー、大　2 1/2 カップ

- 8 オンスのエッグヌードル、ワイド

- 大さじ 3。オリーブオイル、エクストラバージンオイル

- 大さじ 3。エシャロット（みじん切り）

- 小さじ 1 杯。タイムの葉（新鮮なもの、刻んだもの）

- カイエンペッパー　ひとつまみ

- 大さじ 3。中力粉の

- 牛乳　2 1/2 カップ（全乳）

- 大さじ 1。コニャックの

- 小さじ 1/4。塩の

- すりおろしたパルメザンチーズ　1/2 カップ

- パン粉　1/2 カップ

方向：

a)　まず、オーブンを 325 度に温めます。

b)　オーブンを加熱している間に、キノコを大きなボウルに加えます。水で覆い、数分間浸します。この時間が経過したら、浸漬液を排水し、1 1/2 カップ保存します。キノコを細かく刻み、大きなボウルに加えます。

c)　ボウルに、ローストした七面鳥と卵麺を加えます。混ぜ合わせます。

d)　大きなフライパンを中火にかけます。オリーブオイルを少し加えます。油が十分に熱くなったら、スライスしたエシャロットを加えます。5 分間または柔らかくなるまで調理します。新鮮なタイムの葉とカイエンペッパーをひとつまみ加えます。2 分間、またはエシャロットが黄金色になるまで調理を続けます。

e)　次に、中力粉を加え、1〜2 分間、または茶色になるまで調理します。

f)　全乳、コニャック、取っておいた浸漬液を加えます。鍋の底をデグレーズし、小さじ 1/4 で味付けします。塩の。

g)　混合物を沸騰させ、麺混合物の上に注ぎます。コートに投げます。

h)　この混合物を大きなグラタン皿に移し、アルミホイルで覆います。オーブンに入れて 25 分間焼きます。

i)　次に、小さなボウルを使用し、すりおろしたパルメザンチーズとパン粉を加えます。よくかき混ぜて混ぜます。

j)　オーブンからキャセロールを取り出し、パン粉混合物を上に振りかけます。オーブンに戻して 10 分間、またはきつね色になるまで焼きます。

59. トマトとモッツァレラチーズのパスタ

作るもの:4 人分

合計準備時間:30 分

材料：

- 新鮮なモッツァレラチーズ 1/2 ポンド

- 小さじ 1/2。海塩の

- エキストラバージンオリーブオイル 1 カップ

- 大さじ 4。バターの

- ヴィダリア玉ねぎ 1 カップ（薄切り）

- にんにくみじん切り 1/4 カップ

- ペンネパスタ 1 ポンド

- つるが熟したトマト 4 カップ

- ロマーノチーズ 3/4 カップ

- 新鮮なみじん切りのバジル 1/2 カップ

方向：

a) 小さなボウルを使用し、モッツァレラチーズと小さじ 1/2 を加えます。塩の。かき混ぜて脇に置きます。

b) 中型のストックポットに水を入れ、強火にかけます。水を沸騰させます。

c) 大きなフライパンを中火から強火にかけます。油とバターを加えます。バターが完全に溶けたら玉ねぎとにんにくを加えます。火を弱めます。10 分間または柔らかくなるまで調理します。

d) 沸騰したお湯にパスタを入れます。8〜10 分間、または柔らかくなるまで調理します。水を切って脇に置きます。

e) トマトを玉ねぎとニンニクに加えます。熱を中火または強火に上げます。5 分間または柔らかくなるまで調理を続けます。

f) 茹でたパスタをトマトと玉ねぎの混合物に加えます。コートに投げます。

g)　火から下ろし、モッツァレラ混合物とロマーノチーズ 1/4 カップを加えます。チーズが溶けるまでよくかき混ぜます。

60. クリーミーペストシュリンプパスタ

作るもの:8 回分

合計準備時間:30 分

材料：

- リングイネパスタ 1 ポンド

- バター 1/2 カップ

- 生クリーム 2 カップ

- 小さじ 1/2。黒胡椒の

- すりおろしたパルメザンチーズ 1 カップ

- ペスト 1/3 カップ

- 皮をむいて背わたを取り除いた大ぶりのエビ 1 ポンド

方向：

a) 塩水を満たした大きなスープポットを強火にかけます。水を沸騰させます。沸騰したらパスタを加え、柔らかくなるまで 9〜11 分間茹でます。柔らかくなったら、パスタを湯切りし、置いておきます。

b)　大きなフライパンを中火にかけます。バターを加えます。バターが溶けたら生クリームを加えます。小さじ 1/2 で味付けします。黒胡椒を加えてかき混ぜます。頻繁にかき混ぜながら 6〜8 分間調理します。

c)　パルメザンチーズをソースに加えます。混ざるまでよくかき混ぜます。

d)　ペストを加え、5 分間またはとろみがつくまで調理します。

e)　エビを加えて 5 分間、またはピンク色になるまで調理します。暑さから削除。

f)　茹でたパスタにソースをかけて、すぐにお召し上がりください。

61. ほうれん草とトマトのトルテッリーニ

作るもの:6 回分

合計準備時間:40 分

材料：

- トルテッリーニ、チーズ 16 オンスパック 1 個

- 1、14.5 オンスのトマト缶、ニンニクとタマネギ入り、角切り

- 新鮮で粗く刻んだほうれん草 1 カップ

- 小さじ 1/2。塩の

- 小さじ 1/4。黒胡椒の

- 小さじ 1 と 1/2。バジルの乾燥物

- 小さじ 1 杯。ニンニクのみじん切り

- 大さじ 2。中力粉の

- 牛乳 3/4 カップ、全乳

- 生クリーム 3/4 カップ

- すりおろしたパルメザンチーズ 1/4 カップ

方向：

a) 大きなスープポットに水を入れ、強火にかけます。水を沸騰させてからトルテッリーニを加えます。パスタが柔らかくなるまで茹でます。これには 10 分かかります。

b) トルテッリーニを調理している間、大きな鍋を中火にかけます。ほうれん草、トマト缶、塩、黒コショウ、乾燥バジル、みじん切りのニンニクを加えます。かき混ぜて混合し、5 分間または混合物が表面で泡立ち始めるまで調理します。

c) 次に、大きなボウルを使用し、中力粉、全乳、生クリームを加えます。かき混ぜて鍋に注ぎます。パルメザンチーズを加えます。滑らかになるまで泡立て、2 分間またはとろみがつくまで調理します。

d) パスタを湯切りし、ソースと一緒に鍋に加えます。かき混ぜてコーティングし、火から下ろします。すぐにお召し上がりください。

62. ケージャンチキンパスタ

作るもの:2 回分

材料：

- リングイネパスタ 4 オンス

- 皮と骨のない鶏の胸肉 2 枚を半分に切ります。

- 小さじ 2。ケイジャン調味料の

- 大さじ 2。バターの

- 薄くスライスした赤ピーマン 1 個

- 新鮮なキノコ 4 個（薄くスライス）

- 薄くスライスしたピーマン 1 個

- ねぎ 1 本（みじん切り）

- 生クリーム 1 カップ

- 小さじ 1/4。バジルの乾燥物

- 小さじ 1/4。レモンペッパーの

- 小さじ 1/4。塩の

- 小さじ 1/8。ニンニクの粉末

- 小さじ 1/8。黒胡椒の

- おろしたてのパルメザンチーズ 1/4 カップ

方向：

a) 塩水を満たした大きな鍋を強火にかけます。お湯が沸騰し始めたらパスタを入れます。8〜10 分間、または柔らかくなるまで調理します。パスタを湯切りして置いておきます。

b) 鶏肉とケイジャンシーズニングを大きなジップロックバッグに入れます。激しく振ってコーティングします。

c) 次に、大きなフライパンを中火にかけます。鶏肉とバターを加えます。5〜7 分間、または柔らかくなるまで調理します。

d) 薄切りの赤ピーマン、マッシュルーム、薄切りの緑ピーマン、薄切りネギを加えます。2〜3 分間、または柔らかくなるまで調理します。火を弱めます。

e) 生クリーム、刻んだバジル、レモンペッパー、塩、粉末ニンニク、黒コショウを加えます。よくかき混ぜて混ぜます。

f) 茹でたパスタを加えて絡めます。さらに 1 分間、または熱々になるまで調理を続けます。

g) 火から下ろし、すぐにパルメザンチーズをふりかけてお召し上がりください。

63. ペッパーシュリンプのアルフレッド

作るもの:6 回分

合計準備時間:50 分

材料：

- ペンネパスタ 12 オンス

- バター 1/4 カップ

- 大さじ 2。オリーブオイル、エクストラバージンオイル

- 玉ねぎ 1 個（みじん切り）

- ニンニク 2 片（みじん切り）

- ピーマン 1 個（赤色で角切り）

- ポートベローマッシュルーム 1/2 ポンド（角切り）

- 皮をむいて背わたを取り除いたエビ 1 ポンド

- アルフレッドソースの 1,15 オンスの瓶

- すりおろしたロマーノチーズ 1/2 カップ

- 生クリーム 1/2 カップ

- 小さじ 1 杯。カイエンペッパーの

- 塩と黒胡椒少々

- 新鮮で粗く刻んだパセリ 1/4 カップ

方向：

a) 塩水を満たした大きなスープポットを強火にかけます。お湯が沸騰し始めたらパスタを入れます。9〜11 分間、または柔らかくなるまで調理します。パスタを湯切りして置いておきます。

b) この間、大きなフライパンを中火にかけます。オリーブオイルとバターを加えます。バターが溶けたら玉ねぎを加えます。2 分間または柔らかくなるまで調理します。

c) ニンニク、角切りの赤ピーマン、キノコを加えます。かき混ぜて 2 分間または柔らかくなるまで調理します。

d) エビを加えます。かき混ぜて 4 分間、または柔らかくなるまで調理します。

e) アルフレッドソース、粉チーズ、生クリームをゆっくりと注ぎます。穏やかにかき混ぜて混合し、この混合物を沸騰させます。5 分間、またはとろみがつくまで調理します。

f) 混合物をカイエンペッパー、塩少々、黒コショウ少々で味付けします。

g) 茹でたパスタを加えて混ぜ合わせます。

h) 火から下ろし、刻んだパセリを添えてすぐにお召し上がりください。

64. ラザニア ヴェルデ

6 人分

材料：

- 1 パスタヴェルデ

- ベシャメル 5〜6 カップ

- 2 ポンドの新鮮なイラクサ、イラクサとほうれん草、イラクサとフダン

ソウ、またはその他の野菜の組み合わせ

- 中くらいの黄色のタマネギ 1 個、細かく刻む

- エキストラバージンオリーブオイル 大さじ 2

- 海塩と挽きたての黒胡椒

- 無塩バター 大さじ 2〜3

- おろしたてのパルミジャーノ・レッジャーノ 1 カップ

方向：

a) まずはパスタ生地を作ります。

b) 生地を休ませている間にベシャメルを作ります。

c) 次に、詰め物を作ります。 緑の葉を摘み取り（イラクサを使用する場合は、素手で扱う前に、湯通しして刺を取り除きます）、黄色またはしおれた緑の葉を取り除き、硬い茎から葉を取り除きます。野菜をリボン状にスライスします。

d) 厚手の鍋の底に玉ねぎと油を入れて混ぜ、中弱火にかけます。玉ねぎが柔らかくなるまでかき混ぜながら調理し、次に野菜を一掴みずつ加えてかき混ぜ、一掴みずつ崩れて少ししおれてからさらに加えます。必要に応じて、野菜が絡まらないように大さじ数杯の熱湯を加えてください。塩とコショウを加え、野菜が完成するまで 8〜10 分間煮ます。

e) これで、パスタを伸ばす準備が整いました。麺棒と板、またはパスタマシンを使って行うことができます。ラザニアの指示に従い、調理済みのラザニアシートを湿ったキッチンタオルの上に広げます。

f) オーブンを 450°F に設定します。9 x 13 インチのグラタン皿またはラザニア型の底に少量のバターを塗ります。

g) 大さじ 2 杯の緑色のフィリングを皿の底に広げ、フィリングの上に
パスタシートの層を置きます。残りの具材の約 3 分の 1 でパスタシー
トを覆い、その上にベシャメルの一部を広げます。パルミジャーノをふり
かけます。さらにパスタストリップの層を追加し、フィリング、ベシャメル
、チーズで再び覆います。パスタシートがすべてなくなるまでこれを続け
ます。最上層にはベシャメルと粉チーズを乗せ、バターを点在させます
。

h) 表面が泡立ち、軽く黄金色になるまで、15〜20 分間焼きます。
オーブンから取り出し、15 分間放置してからお召し上がりください。

65. スカッシュ入りキノコのラザニア

8〜10 人分

材料：

● 基本のパスタフレスカ生地 1 個

● 乾燥ポルチーニ茸 1.5 オンス

● 新鮮なキノコ 3 ポンド（入手可能な場合は野生のものを含む
）

● エキストラバージンオリーブオイル 1/2 カップ

● 無塩バター大さじ 1、グラタン皿用とラザニアの上に点在させるた
めにもう少し加える

● ネギ 1 ポンド（柔らかい緑色の上部を含む）、または中程度
の黄色のタマネギ 1 個を非常に細かく刻む

● ニンニク 1 片、刃の平らな面で潰し、みじん切りにする

● 細かく刻んだ平葉パセリ 1/2 カップ

● 刻んだタイム 大さじ 1

● 海塩と挽きたての黒胡椒

- ベシャメル 5 カップ

- 冬カボチャ 4 カップ、箱おろし金の大きな穴で細切りにする

- すりおろしたパルミジャーノ・レッジャーノまたはグラナパダーノチーズ 1/4〜1/3 カップ

方向：

a) 生パスタの場合は、まず生地を作ります。

b) 乾燥キノコを使用する場合は、戻してください。濾した浸漬液は必要に応じて後で追加できるように保存しておきます。

c) 新鮮なキノコを摘み取り、砂や傷んだ部分を切り取ります。キャップを茎から切り離します。傘をスライスし、茎をさいの目切りにします。（椎茸など茎が硬いものを使用する場合は、茎を除いてください。）

d) フライパンに油 1/4 カップを加え、中火にかけます。玉ねぎとにんにくを加え、玉ねぎがカリカリと茶色になり始めるまで、かき混ぜながら手早く調理します。角切りにしたキノコの茎と、刻んで戻した乾燥キ

ノコを加えて混ぜます。パセリ 1/4 カップと刻んだタイムを加えます。キ

ノコを 10〜15 分間、または完全に火が通るまで調理します。塩とコ

ショウで味付けし、鍋の中身をベシャメルに入れてかき混ぜます。

e)　別のフライパンで、スライスしたキノコの傘を残りのパセリ 1/4 カッ

プ、油大さじ 1、バター大さじ 1 と混ぜ合わせ、キノコに火が通るま

で中弱火でゆっくりと 7 〜 8 分間煮ます。塩とコショウをたっぷり

加えて味を調えます。脇に置いておきましょう。

f)　パスタをできるだけ薄く伸ばします。

g)　大きな鍋に塩水を入れて沸騰させ、ボウルに氷水を用意します。

沸騰したお湯にパスタを加え、指示に従って調理し、調理済みのパス

タシートを清潔なキッチンタオルの上に置きます。

h)　オーブンを 350°F に設定します。

i)　少なくとも 2 インチの深さの 8 x 12 インチの長方形のグラタン皿

の底と側面に軽くバターを塗ります。

j)　ベシャメル大さじ数杯をグラタン皿の底に広げ、パスタシートの層を追加します。ベシャメルの約 4 分の 1 をスプーンでパスタの上に重ね、次にソテーしたキノコの傘の約 3 分の 1、そしてすりおろしたカボチャの約 3 分の 1 をスプーンですくいます。この層の上にパルミジャーノ大さじ 2、3 杯を振りかけます。パスタ、ベシャメル、キノコのかさ、すりおろしたカボチャ、チーズを、鍋がいっぱいになり中身がなくなるまで繰り返します。上の層には最後のベシャメルを使い、少し厚めに広げて鍋の端まで塗り広げ、中にパスタを閉じ込めます。

k)　約 30 分間焼き、その後熱を 400°F に上げます。さらに 10 分間、またはラザニアが泡立ち、表面が黄金色になるまで焼きます。

l)　ラザニアをオーブンから取り出し、温かい場所に少なくとも 10 〜 15 分間、最大 1 時間置いてからお召し上がりください。こうすることでラザニアが落ち着き、切り分けやすくなります。

66. パレスチナ風クスクス

6〜8 人分

材料：

● できれば放し飼いの新鮮な小型鶏 1 羽 (2.5 〜 3 ポンド)

を 8 等分に切ります。

● 海塩と挽きたての黒胡椒

● 粉末カルダモン 小さじ 1/2

● エキストラバージンオリーブオイル 1/2 カップ

● 中くらいの黄玉ねぎ 1 個（皮をむかない）

● オールスパイスベリー 4 個

● 2 インチのシナモンスティック 1 本

● 月桂樹の葉 2 枚

● 2 つ星アニス

● ターメリックをつまむ

● ホールクミンシード 小さじ 1/2

● 調理済みひよこ豆 1 と 1/2 カップ

- 赤ピーマン 1 個（切り落として薄くスライス）

- 中くらいの赤玉ねぎ 1/2 個（縦にスライス）

- マフトゥール 2 カップ

- 粗く刻んだトーストアーモンド 1/4 カップ

- コリアンダーの小枝 3 本（飾り用）

方向：

a) 鶏肉の全体に塩、コショウ、カルダモンをすり込みます。底の厚い鍋に油 1/4 カップを入れて中火で加熱します。鶏肉を加えて四方をしっかり焼き色をつける。鶏肉を取り出し、脇に置きます。鍋を火から下ろし、油が冷めたら鍋を傾け、ペーパータオルで鍋を拭き、焦げた油の痕跡をすべて取り除きます。

b) 鍋を中弱火に戻し、鶏肉を戻し、鶏肉がかぶる程度の水 8〜10 カップを加えます。玉ねぎの皮をむかずに、紙のような皮をこすり落とし、玉ねぎを半分に切り、オールスパイス、シナモンスティック、月桂樹の葉、スターアニス、ターメリック、クミンと一緒に鍋に加えます。鍋の

蓋をして沸騰させます。1 時間弱火で煮ます。この時点で鶏肉は柔らかく仕上がります。

c) 鶏肉をスープから取り出し、脇に置きます。手に取れるくらい冷めたら、オーブン皿、できれば蓋付きの皿に置きます。

d) スープからスパイスと月桂樹の葉を濾し、捨てます。スープが少し冷めたら、涼しい場所または冷蔵庫に移し、脂肪を上昇させて凝固させます。表面に脂肪が固まったら、穴付きスプーンで取り除き、捨てます。

e) 続行する準備ができたら、オーブンを低温、200 ℉ 〜 250 ℉ に設定します。

f) 鍋の脱脂スープを中火に戻し、沸騰させます。蓋をせず、煮汁が半分、つまり 4 カップくらいになるまで煮ます。

g) スープ 1 カップを取り出し、オーブン皿の鶏肉の上に注ぎます。鶏肉を蓋またはアルミホイルで覆い、オーブンに移して温めながらマフトゥールを作ります。

h) 必要に応じて、茹でたひよこ豆を温め、大さじ数杯のスープまたは普通の水を加えます。火が通る程度に弱火で煮ます。マフトゥールを完成させるまで暖かくしてください。

i) 小さなフライパンで、ピーマンと玉ねぎのスライスを残りの 1/4 カップの油と混ぜ合わせ、スライスが柔らかくなり始めるまでゆっくりと炒めます。マフトゥールを加え、かき混ぜながら約 3 分間調理し、マフトゥール粒を軽くトーストして小麦の風味を引き出します。必要に応じてスープを沸騰させ、マフトゥールと野菜を加えます。蓋をせずに 15 分間、またはマフトゥールの粒が柔らかくなるまで煮ます。

j) マフトゥールを大皿に並べ、その上に鶏肉を置き、残ったスープをスプーンでマフトゥールの上に注ぎます。最後に、ひよこ豆をスプーンで上にのせ、トーストしたアーモンドとコリアンダーを飾ります。

k) すぐにお召し上がりください。

67. フダンソウ詰めのマニコッティ

4 回分が作れます

材料：

- 12 マニコッティ

- オリーブオイル 大さじ 3

- 玉ねぎ（みじん切り）1 個

- スイスチャードの中束 1 個、硬い茎を切り落としてみじん切りにする

- 1 ポンドの木綿豆腐、水を切り、砕いたもの

- 塩と挽きたての黒胡椒

- 生カシューナッツ 1 カップ

- 普通の無糖豆乳 3 カップ

- [1] ナツメグ粉末 小さじ 1/8

- [1] カイエン粉末 小さじ /8

- 味付けしていない乾燥パン粉 1 カップ

方向：

a) オーブンを 350°F に予熱します。9 x 13 インチのグラタン皿に軽く油を塗り、脇に置きます。

b) 沸騰した塩水の入った鍋で、時々かき混ぜながらマニコッティを中火にかけ、アルデンテになるまで約 8 分間調理します。水をよく切り、冷水にさらします。脇に置いておきましょう。

c) 大きめのフライパンに油大さじ 1 を中火で熱します。玉ねぎを加えて蓋をし、しんなりするまで 5 分ほど煮る。フダンソウを加え、蓋をし、時々かき混ぜながらフダンソウが柔らかくなるまで約 10 分間煮ます。火から下ろし、豆腐を加えてよく混ぜます。塩、コショウで味を整えて、置いておきます。

d) ミキサーまたはフードプロセッサーでカシューナッツを粉末にします。豆乳 11/2 カップ、ナツメグ、カイエンペッパー、塩を加えて味を調えます。滑らかになるまでブレンドします。残りの 11/2 カップの豆乳を加え

、クリーム状になるまで混ぜます。味を見て、必要に応じて調味料を調整します。

e)　準備したグラタン皿の底にソースの層を広げます。マニコッティにフダンソウの詰め物約 1/3 カップを詰めます。詰めたマニコッティをグラタン皿に一層に並べます。残りのソースをマニコッティの上にスプーンでかけます。小さなボウルにパン粉と残りの大さじ 2 杯の油を入れて混ぜ、マニコッティの上に振りかけます。ホイルで覆い、熱く泡立つまで約 30 分間焼きます。すぐにお召し上がりください。

68. ほうれん草のマニコッティとくるみのソース

4 回分が作れます

材料：

- 12 マニコッティ

- オリーブオイル 大さじ 1

- 中くらいのエシャロット 2 個（みじん切り）

- 解凍した冷凍みじん切りほうれん草 2 パック（10 オンス）

- 1 ポンドの超木綿豆腐、水切りして砕いたもの

- [1]ナツメグ粉末 小さじ 1/4

- 塩と挽きたての黒胡椒

- ローストしたクルミ 1 カップ

- 豆腐 1 カップ（水切りして砕いたもの）

- [1]ニュートリショナルイースト /4 カップ

- 普通の無糖豆乳 2 カップ

- 乾燥パン粉 1 カップ

方向：

a) オーブンを 350°F に予熱します。9 x 13 インチのグラタン皿に軽く油を塗ります。沸騰した塩水の入った鍋で、時々かき混ぜながらマニコッティを中火にかけ、アルデンテになるまで約 10 分間調理します。水をよく切り、冷水にさらします。脇に置いておきましょう。

b) 大きなフライパンに油を中火で熱します。エシャロットを加え、柔らかくなるまで約 5 分間煮ます。ほうれん草を絞って水分をできるだけ取り除き、エシャロットに加えます。ナツメグ、塩、コショウで味を調え、かき混ぜながら 5 分間調理し、味をブレンドします。木綿豆腐を加えてよく混ぜます。脇に置いておきましょう。

c) フードプロセッサーでクルミを細かく粉砕します。豆腐、栄養イースト、豆乳、塩、コショウを加えて味を調えます。滑らかになるまで加工します。

d) 準備しておいたグラタン皿の底にクルミソースの層を広げます。マニコッティに詰め物を詰めます。詰めたマニコッティをグラタン皿に一層に

並べます。残ったソースをスプーンでかけていただきます。ホイルで覆い、熱くなるまで約 30 分間焼きます。蓋を外し、パン粉をまぶし、表面に軽く焼き色がつくまでさらに 10 分焼きます。すぐにお召し上がりください。

69. ナスとテンペのパスタ

4 回分が作れます

材料：

- 8 オンスのテンペ

- 中ナス 1 本

- 大きめのパスタシェル 12 個

- ニンニク 1 片（つぶす）

- [1] カイエン粉末 小さじ /4

- 塩と挽きたての黒胡椒

- 味付けしていない乾燥パン粉

- 自家製マリナラソース 3 カップ

方向：

a) 沸騰したお湯の中鍋でテンペを 30 分間調理します。水を切り、冷ますために置いておきます。

b) オーブンを 450°F に予熱します。ナスにフォークで穴をあけ、軽く油を塗った天板で柔らかくなるまで約 45 分間焼きます。

c) ナスが焼いている間に、沸騰した塩水の鍋でパスタの殻をアルデンテになるまで時々かき混ぜながら約 7 分間茹でます。水を切り、冷水にさらします。脇に置いておきましょう。

d) ナスをオーブンから取り出し、縦半分に切り、水分を切ります。オーブンの温度を 350°F に下げます。9 x 13 インチの天板に軽く油を塗ります。フードプロセッサーで、ニンニクを細かくなるまで加工します。テンペを加え、粗く粉砕するまでパルスします。ナスの果肉を殻からこそげ取り、テンペとニンニクと一緒にフードプロセッサーに加えます。カイエンペッパーを加え、塩とコショウで味を調え、パルスして混ぜ合わせます。具がゆるい場合はパン粉を加えてください。

e) 準備しておいたグラタン皿の底にトマトソースの層を広げます。シェルに詰め物をしっかりと詰めるまで詰めます。

f) ソースの上に貝殻を並べ、残ったソースを貝殻の上と周りに注ぎます。ホイルで覆い、熱くなるまで約 30 分間焼きます。蓋を外し、パルメザンチーズをふりかけ、さらに 10 分焼きます。すぐにお召し上がりください。

70. かぼちゃのラビオリ　エンドウ豆入り

4 回分が作れます

材料：

● かぼちゃピューレ缶詰 1 カップ

● [1] 極木綿豆腐 /2 カップ （よく水を切り、崩しておく）

● 新鮮なパセリのみじん切り 大さじ 2

● ナツメグをつまむ

● 塩と挽きたての黒胡椒

● 1 卵不使用のパスタ生地

● 中くらいのエシャロット 2〜3 個を縦半分に切り、1/4 インチのスライスに切ります。

● 解凍した冷凍ベビーピース 1 カップ

方向：

a) ペーパータオルを使ってカボチャと豆腐から余分な水分を吸い取り、栄養酵母、パセリ、ナツメグ、塩コショウと合わせてフードプロセッサーで味を調えます。脇に置いておきましょう。

b) ラビオリを作るには、軽く打ち粉をした台の上でパスタ生地を薄く伸ばします。生地を切り分けます

c) 幅 2 インチのストリップ。小さじ山盛り 1 杯の詰め物を 1 本のパスタストリップの上に、上から約 1 インチのところに置きます。小さじ 1 杯のもう 1 杯の具材をパスタストリップの上に置き、最初のスプーン 1 杯の具材の約 1 インチ下に置きます。生地ストリップ全体に沿ってこれを繰り返します。生地の端を水で軽く濡らし、2 番目のパスタを最初のパスタの上に置き、詰め物を覆います。2 層の生地をフィリングの部分の間に押し込みます。

d) ナイフを使って生地の側面を整えてまっすぐにし、各詰め物の間の生地を横切って四角いラビオリを作ります。密封する前に、充填物の周りのエアポケットを必ず押し出してください。

e) フォークの歯を使って生地の端に沿って押し、ラビオリを密閉します。ラビオリを打ち粉をした皿に移し、残りの生地とソースで繰り返します。脇に置いておきましょう。

f) 大きなフライパンに油を中火で熱します。エシャロットを加え、時々かき混ぜながら、エシャロットが濃い黄金色になるまで焦げないように約 15 分間煮ます。エンドウ豆を加えてかき混ぜ、塩、コショウで味を調えます。非常に弱火で保温してください。

g) 大きな鍋に沸騰した塩水を入れ、ラビオリが浮き上がるまで約 5 分間茹でます。よく水を切り、エシャロットとエンドウ豆の入った鍋に移します。1〜2 分間調理して味を混ぜ合わせたら、大きなボウルに移します。たっぷりの胡椒で味付けし、すぐにお召し上がりください。

71. アーティチョークとクルミのラビオリ

4 回分が作れます

材料：

- ⅓ カップとオリーブオイル大さじ 2

- ニンニク 3 片（みじん切り）

- 冷凍ほうれん草 1 パック（10 オンス）、解凍して絞って乾燥させたもの

- 解凍して刻んだ冷凍アーティチョークの芯 1 カップ

- ¹木綿豆腐 /3 カップ（水切りして崩しておく）

- ローストしたクルミ 1 カップ

- ¹ぎゅっと詰まったフレッシュパセリ /4 カップ

- 塩と挽きたての黒胡椒

- 1 卵不使用のパスタ生地

- 新鮮なセージの葉 12 枚

方向：

a) 大きなフライパンに油大さじ 2 を中火で熱します。ニンニク、ほうれん草、アーティチョークの芯を加えます。蓋をして、ニンニクが柔らかくなり、液体が吸収されるまで、時々かき混ぜながら約 3 分間煮ます。混合物をフードプロセッサーに移します。豆腐、クルミ 1/4 カップ、パセリ、塩、コショウを加えて味を調えます。みじん切りにして完全に混合するまで処理します。

b) 冷ますために置いておきます。

c) ラビオリを作るには、軽く小麦粉をまぶした表面で生地を非常に薄く（約 1/8 インチ）伸ばし、2 インチ幅のストリップに切ります。小さじ山盛り 1 杯の詰め物をパスタストリップの上、上から約 1 インチのところに置きます。別の小さじ 1 杯の具をパスタストリップの上に置き、最初のスプーン 1 杯の具の約 1 インチ下に置きます。生地ストリップ全体に沿ってこれを繰り返します。

d) 生地の端を水で軽く濡らし、2 番目のパスタを最初のパスタの上に置き、詰め物を覆います。

e) 2 層の生地をフィリングの部分の間に押し込みます。ナイフを使って生地の側面を整えてまっすぐにし、各詰め物の間の生地を横切って四角いラビオリを作ります。フォークの歯を使って生地の端に沿って押し、ラビオリを密閉します。ラビオリを打ち粉をした皿に移し、残りの生地と詰め物を同様に繰り返します。

f) 沸騰した塩水を入れた大きな鍋でラビオリを浮き上がるまで約 7 分間茹でます。よく水を切り、脇に置きます。大きなフライパンに残りの 1/3 カップの油を中火で加熱します。セージと残りの 3/4 カップのクルミを加え、セージがカリカリになりクルミの香りが立つまで煮ます。

g) 調理したラビオリを加え、軽くかき混ぜながらソースを絡め、加熱します。すぐにお召し上がりください。

72. トルテッリーニのクリームソース添え

4 回分が作れます

材料：

- オリーブオイル　大さじ 1

- ニンニク 3 片（細かくみじん切り）

- 木綿豆腐　1 カップ（水切りして崩しておく）

- 新鮮なパセリのみじん切り ¾カップ

- [1] ビーガンパルメザンチーズ /4 カップ　またはパルマシオ

- 塩と挽きたての黒胡椒

- 1 卵不使用のパスタ生地

- 自家製マリナラソース 21/2 カップ

- オレンジの皮　1 個

- [1] 砕いた赤唐辛子　小さじ /2

- [1] ソイクリーマーまたはプレーン無糖豆乳 /2 カップ

方向：

a) 大きなフライパンに油を中火で熱します。ニンニクを加え、柔らかく
なるまで約 1 分間煮ます。豆腐、パセリ、パルメザンチーズ、塩、黒コ
ショウを加えて混ぜ、味を調えます。よく混ざるまで混ぜます。冷ます
ために置いておきます。

b) トルテッリーニを作るには、生地を薄く（約 1/8 インチ）伸ばし、
21/2 インチの正方形に切ります。場所

c) 中心から少しずらしたところに小さじ 1 杯の詰め物を置き、四角
いパスタの角の 1 つを詰め物の上に折り、三角形を形成します。端
を一緒に押してシールし、三角形を中心点を下にして人差し指の周
りに巻き、端を押してくっつけます。三角形の先端を折り、指からスラ
イドさせます。軽く打ち粉をした皿に置いておき、残りの生地と詰め物
を続けます。

d) 大きな鍋にマリナラソース、オレンジの皮、砕いた赤唐辛子を入れて混ぜます。熱くなるまで加熱し、ソイクリーマーを入れてかき混ぜ、非常に弱火で保温します。

e) 沸騰した塩水の入った鍋で、トルテッリーニが浮き上がるまで約」5分間調理します。水をよく切り、大きめのボウルに移します。ソースを加えて軽く混ぜ合わせます。すぐにお召し上がりください。

73. ニョッキの赤ワイントマトソース添え

4 回分が作れます

材料：

- ラセットポテト（中）　2 個

- オリーブオイル　大さじ 1

- ニンニク　3 片（みじん切り）

- (28 オンス)　クラッシュトマト缶

- [1] 辛口赤ワイン　/3　カップ

- 乾燥バジル　小さじ 11/2

- 乾燥オレガノ　小さじ 1

- 新鮮なパセリのみじん切り　大さじ 2

- 塩

- 挽きたての黒コショウ

- 中力粉　1　カップ、必要に応じてさらに追加

- フレッシュバジル（飾り用）（お好みで）

方向：

a) オーブンを 450°F に予熱します。ジャガイモをオーブンに入れ、フォークで刺したときに柔らかくなるまで約 1 時間焼きます。

b) 大きな鍋に油を中火で熱します。にんにくを加え、香りが立つまで約 1 分間炒めます。燃やさないでください。トマト、ワイン、バジル、オレガノ、パセリ大さじ 1、塩コショウを加えて混ぜます。火を弱めて 20 分間煮ます。弱火で温めてください。

c) ニョッキを作るには、大きなボウルに小麦粉と小さじ 1 杯の塩を入れます。脇に置いておきましょう。ベイクドポテトがまだ熱いうちに、慎重に半分に切り、中身をこすり落として別の大きなボウルに入れ、ポテトライサ―またはフードミルに通してふわふわにします。小麦粉の中央に、残りの大さじ 1 杯のパセリと一緒にライスポテトを置きます。塩、コショウで味を整えてください。

d) 小麦粉をジャガイモに徐々に混ぜて生地を作り、必要に応じて小麦粉を追加します。生地が滑らかになるまで約 4 分間こねます。

生地を酷使しないでください。生地を 4 等分します。軽く打ち粉をした表面で、手のひらを使って生地の各部分を厚さ 1/2 インチのロール状に丸めます。各生地ロールを 3/4 インチの小片に切ります。

e) 大きな鍋に沸騰した塩水を入れ、ニョッキが浮き上がるまで約 3 分間茹でます。茹で上がったニョッキを穴あきスプーンで取り出し、ザルに入れてよく水を切ります。大きめのボウルに移し、トマトソースを加え、軽く混ぜ合わせます。フレッシュバジルを使用する場合は飾り付けて、すぐにお召し上がりください。

74. フライドオニオンのピエロギ

6 食分が作れます

材料：

- 1 ポンドのラセットポテト、皮をむき、乱切りにする
- 塩 小さじ 1
- [1] 挽きたての黒胡椒 小さじ 1/4
- オリーブオイル大さじ 2 ＋ 小さじ 1
- 中くらいの黄玉ねぎ 1 個（みじん切り）
- 1 卵不使用のパスタ生地

方向：

a) 大きな鍋に塩を入れ、ジャガイモが柔らかくなるまで約 20 分間茹でます。水を切って鍋に戻します。塩とコショウを加え、ジャガイモをマッシュし、脇に置きます。

b) フライパンに油大さじ 2 を中火で熱します。玉ねぎを加え、蓋をし、柔らかくなるまで約 7 分間煮ます。炒めた玉ねぎをマッシュポテトに混ぜます。よく混ぜて味を調え、必要に応じて調味料を調整します。完全に冷めるまで置いておきます。

c) 生地を 2 つの等しい部分に分け、軽く小麦粉をまぶした表面で一度に 1 つずつ、厚さが約 1/8 インチになるまで非常に薄くなります。生地を 3 インチ幅のストリップに切り、次にストリップを横切って 3 インチの正方形を作ります。小さじ山盛り 1 杯のフィリングをそれぞれの正方形の生地の半分に置きます。

d) 各正方形の端を水で湿らせ、三角形に折り、生地の一方の角を詰め物の上に折り、反対側の角に押し付けます。指を使ってすべての端を一緒に押して、しっかりと密閉します。残りの生地と詰め物を繰り返します。詰め物が残っている場合は、別の用途に取っておいてください。フォークの歯をピロギの端に沿って押して密閉します。軽く打ち粉をした皿に置いておきます。

e) 大きな鍋に沸騰した塩水を入れ、ピエロギが浮き上がるまで約 3 分間茹でます。よく水を切ります。残りの小さじ 1 杯の油を入れた大きなフライパンでピエロギを軽く焼きます。塩とたっぷりのコショウで味付けします。すぐにお召し上がりください。

75. チキンアルフレッドラザニア

材料

- 4 オンスの薄くスライスしたパンチェッタを短冊状に切ります
- 3 オンスの薄くスライスした生ハムまたはデリハムを短冊状に切ります
- 細切りロティサリーチキン 3 カップ
- 無塩バター（角切り）大さじ 5
- 中力粉 1/4 カップ
- 全乳 4 カップ
- 細切りアジアーゴチーズ 2 カップ（分割）
- 新鮮なパセリのみじん切り 大さじ 2
- 粗挽きコショウ 小さじ 1/4
- ナツメグをつまむ
- 調理不要のラザニアヌードル 9 個
- 細切り部分脱脂モッツァレラチーズ 1-1/2 カップ
- 細切りパルメザンチーズ 1-1/2 カップ

方向

a) 大きなフライパンでパンチェッタと生ハムを中火で焼き色がつくまで炒めます。ペーパータオルの上で水気を切ります。大きなボウルに移します。鶏肉を加えて混ぜます。

b) ソースの場合は、大きな鍋にバターを中火で溶かします。滑らかになるまで小麦粉を混ぜます。牛乳を少しずつ加えて混ぜます。絶えずかき混ぜながら沸騰させます。1〜2 分間、またはとろみがつくまで調理してかき混ぜます。暑さから削除; アジアーゴチーズ 1/2 カップ、パセリ大さじ 1、コショウ、ナツメグを加えて混ぜます。

c) オーブンを 375°に予熱します。油を塗った 13×9 インチの容器に 1/2 カップのソースを広げます。オーブン皿。麺、ソース、ミートミックス、アジアーゴ、モッツァレラチーズ、パルメザンチーズをそれぞれ 3 分の 1 ずつ重ねます。レイヤーを 2 回繰り返します。

d) 蓋をして 30 分焼きます。明らかにしてください。15 分長く、または泡が立つまで焼きます。残りのパセリを散らす。食べる前に 10 分間放置してください。

76. 退廃的なほうれん草の殻詰め

材料

- ジャンボパスタシェル 1 パッケージ（12 オンス）
- ロースト赤唐辛子とガーリックのパスタソース 1 瓶 (24 オンス)、小分け
- クリームチーズ 2 パッケージ (各 8 オンス)、柔らかくした
- ローストガーリックアルフレッドソース 1 カップ
- ダッシュソルト
- ダッシュペッパー
- ダッシュクラッシュレッドペッパーフレーク（オプション）
- シュレッドイタリアンチーズブレンド 2 カップ
- すりおろしたパルメザンチーズ 1/2 カップ
- 冷凍みじん切りほうれん草 1 パッケージ (10 オンス)、解凍して絞って乾燥させたもの
- 細かく刻んで水を詰めたアーティチョークの芯 1/2 カップ
- 細かく刻んだローストスイートレッドペッパー 1/4 カップ
- 追加のパルメザンチーズ（オプション）

方向

a) オーブンを 350°に予熱します。パスタシェルをパッケージの指示に従ってアルデンテに調理します。ドレイン。

b) 油を塗った 13×9 インチの容器にソース 1 カップを広げます。オーブン皿。大きなボウルにクリームチーズ、アルフレッドソース、調味料を入れて混ぜ合わせます。チーズと野菜を混ぜます。スプーンで貝殻に入れます。用意しておいたグラタン皿に並べます。

c) 残ったソースを上から注ぎます。蓋をして 20 分焼きます。必要に応じて、追加のパルメザンチーズを振りかけます。蓋をせず、さらに 10 〜15 分間、またはチーズが溶けるまで焼きます。

77. ペンネビーフベイク

材料

- 全粒粉ペンネパスタ 1 パッケージ（12 オンス）
- 1 ポンドの赤身のひき肉（90％赤身）
- ズッキーニ 中 2 個（細かく刻む）
- 大きめのピーマン 1 個（細かく刻む）
- 小さな玉ねぎ 1 個（細かくみじん切り）
- スパゲッティソース 1 瓶 (24 オンス)
- 減脂肪アルフレッドソース 1-1/2 カップ
- 部分脱脂モッツァレラチーズを細切りにし、分割して 1 カップ
- ガーリックパウダー 小さじ 1/4
- 新鮮なパセリのみじん切り（オプション）

方向

a) ペンネをパッケージの指示に従って調理します。その間に、ダッチオーブンで牛肉、ズッキーニ、ピーマン、玉ねぎを中火で、肉がピンク色でなくなるまで調理し、崩れます。ドレイン。スパゲッティソース、アルフレッドソース、モッツァレラチーズ 1/2 カップ、ガーリックパウダーを加えて混ぜます。ペンネを水切りします。肉混合物に混ぜます。

b) 13x9 インチに転送します。クッキングスプレーを塗ったグラタン皿。蓋をして 375°で 20 分間焼きます。残りのモッツァレラチーズを散らします。蓋をせず、3〜5 分以上、またはチーズが溶けるまで焼きます。お好みでパセリをトッピングしてください。

78. チキンテトラッツィーニ

材料

- 8 オンスの生スパゲッティ
- バター小さじ 2 と大さじ 3 を分けて加える
- ベーコン 8 枚（みじん切り）
- スライスした新鮮なキノコ 2 カップ
- 玉ねぎ 1 個（みじん切り）
- 小さなピーマン 1 個（みじん切り）
- 中力粉 1/3 カップ
- 塩 小さじ 1/4
- コショウ 小さじ 1/4
- チキンスープ 3 カップ
- 粗く刻んだロティサリーチキン 3 カップ
- 冷凍エンドウ豆 2 カップ（約 8 オンス）
- ピミエントスを角切りにし、水を切ります 1 瓶（4 オンス）
- すりおろしたロマーノチーズまたはパルメザンチーズ 1/2 カップ

方向

a) オーブンを 375°に予熱します。スパゲッティをパッケージの表示に従ってアルデンテに茹でます。ドレイン；グリースを塗った 13x9 インチに移します。オーブン皿。小さじ 2 杯のバターを加えてコーティングします。

b) その間に、大きなフライパンでベーコンを中火でカリカリになるまで炒め、時々かき混ぜます。穴付きスプーンで取り除きます。ペーパータオルの上で水気を切ります。液だれを捨て、大さじ 1 杯を鍋に取っておきます。マッシュルーム、玉ねぎ、ピーマンをドリップに加えます。中強火で 5〜7 分間、または柔らかくなるまで調理し、かき混ぜます。鍋から取り出します。

c) 同じフライパンに残りのバターを中火で加熱します。小麦粉、塩、コショウを加えて滑らかになるまでかき混ぜます。徐々にスープを泡立てます。時々かき混ぜながら沸騰させます。3〜5 分間、または少しとろみがつくまで調理してかき混ぜます。鶏肉、エンドウ豆、ピミエントス、キノコの混合物を加えます。時々かき混ぜながら加熱します。スパゲッティをスプーンでいただきます。ベーコンとチーズをふりかけます。

d) 蓋をせず、25〜30 分間、またはきつね色になるまで焼きます。食べる前に 10 分間放置してください。

79. バターナッツとチャードのパスタベイク

材料

- 生の蝶ネクタイパスタ 3 カップ
- 無脂肪リコッタチーズ 2 カップ
- 大きな卵 4 個
- 冷凍の角切りバターナッツスカッシュ 3 カップ（解凍して分割）
- 乾燥タイム 小さじ 1
- 塩 小さじ 1/2（小分け）
- ナツメグ粉末 小さじ 1/4
- 粗く刻んだエシャロット 1 カップ
- スイスチャードのみじん切り、茎を取り除いた 1-1/2 カップ
- オリーブオイル 大さじ 2
- パン粉 1-1/2 カップ
- 粗く刻んだ新鮮なパセリ 1/3 カップ
- ガーリックパウダー 小さじ 1/4

方向

a) オーブンを 375°に予熱します。パスタをパッケージの指示に従ってアルデンテに調理します。ドレイン。その間に、リコッタチーズ、卵、カボチャ 1-1/2 カップ、タイム、塩小さじ 1/4、ナツメグをフードプロセッサーに入れます。滑らかになるまで処理します。大きなボウルに注ぎます。パスタ、エシャロット、スイスチャード、残りのかぼちゃを加えて混ぜます。グリースを塗った 13x9 インチに移します。オーブン皿。

b) 大きなフライパンに油を中火で熱します。パン粉を加えます。黄金色になるまで 2〜3 分間かき混ぜます。パセリ、ガーリックパウダー、残

りの小さじ 1/4 の塩を加えて混ぜます。パスタ混合物の上に振りかけ
ます。

c)　蓋をせず、固まってトッピングがきつね色になるまで 30〜35 分間
焼きます。

80. チリマックキャセロール

材料

- 生のエルボマカロニ 1 カップ
- 2 ポンドの赤身のひき肉（90％赤身）
- 玉ねぎ中 1 個（みじん切り）
- ニンニク 2 片（みじん切り）
- 角切りトマト（水切りなし） 1 缶（28 オンス）
- インゲン豆 1 缶（16 オンス）、洗って水気を切る
- トマトペースト 1 缶（6 オンス）
- みじん切りグリーンチリ 1 缶（4 オンス）
- 塩 小さじ 1-1/4
- チリパウダー 小さじ 1
- グラウンドクミン 小さじ 1/2
- コショウ 小さじ 1/2
- 細切り減脂肪メキシカンチーズブレンド 2 カップ
- ネギの薄切り（お好みで）

方向

a) マカロニをパッケージの指示に従って調理します。その間に、大きなテフロン加工のフライパンで、牛肉、玉ねぎ、ニンニクを中火で、肉がピンク色でなくなるまで調理し、肉が崩れます。ドレイン。トマト、豆、トマトペースト、チリ、調味料を加えて混ぜます。マカロニの水気を切ります。牛肉混合物に加えます。

b) 13x9 インチに転送します。クッキングスプレーを塗ったグラタン皿。蓋をして 375°で泡立つまで 25〜30 分間焼きます。明らかにしてくだ

さい。チーズを振りかける。チーズが溶けるまで、さらに 5〜8 分焼きます。お好みで、ネギのスライスをトッピングします。

81. ペンネとスモークソーセージ

材料

- 生のペンネパスタ　2 カップ
- 1 ポンドのスモークソーセージを 1/4 インチのスライスに切る
- 2%ミルク　1-1/2 カップ
- セロリの凝縮クリームスープ、原液　1 缶（10-3/4 オンス）
- チェダーチーズフライドオニオン　1-1/2 カップ（小分け）
- 部分脱脂モッツァレラチーズを細切りにし、分割して 1 カップ
- 冷凍エンドウ豆　1 カップ

方向

a)　オーブンを 375°に予熱します。パスタをパッケージの表示に従って茹でます。

b)　その間に、大きなフライパンで茶色のソーセージを中火で 5 分間炒めます。ドレイン。大きなボウルに牛乳とスープを入れて混ぜます。玉ねぎ 1/2 カップ、チーズ 1/2 カップ、エンドウ豆、ソーセージを加えてかき混ぜます。パスタを湯切りします。ソーセージ混合物に混ぜます。

c)　グリースを塗った 13x9 インチに移します。オーブン皿。蓋をして、泡立つまで 25〜30 分間焼きます。残りの玉ねぎとチーズを散らします。蓋をせず、チーズが溶けるまでさらに 3〜5 分焼きます。

d)　冷凍オプション：残りの玉ねぎとチーズを焼いていないキャセロールの上に振りかけます。蓋をして冷凍します。使用する場合は、冷蔵庫で一晩半解凍してください。焼く 30 分前に冷蔵庫から取り出してください。オーブンを 375°に予熱します。指示どおりにキャセロールを焼きます。必要に応じて加熱し、中央に挿入された温度計が 165°を示すまで時間を増やします。

82. プロヴォローネ ジティ ベイク

材料

- オリーブオイル　大さじ 1
- 玉ねぎ中 1 個（みじん切り）
- ニンニク　3 片（みじん切り）
- イタリア産クラッシュトマト　2 缶（各 28 オンス）
- 水　1-1/2 カップ
- 辛口赤ワインまたは減塩チキンスープ　1/2 カップ
- 砂糖　大さじ 1
- 乾燥バジル　小さじ 1
- ジティまたは小さなチューブパスタ　1 パッケージ (16 オンス)
- プロヴォローネチーズ　8 枚切り

方向

a)　オーブンを 350°に予熱します。6 クォートで。ストックポット、油を中強火で加熱します。玉ねぎを加えます。2〜3 分または柔らかくなるまで調理してかき混ぜます。ニンニクを加えます。1 分長く調理します。トマト、水、ワイン、砂糖、バジルを加えて混ぜます。沸騰させます。暑さから削除。生のジーティを加えてかき混ぜます。

b)　13x9 インチに転送します。クッキングスプレーを塗ったグラタン皿。蓋をして 1 時間焼きます。チーズをトッピングします。蓋をせずに、さらに 5〜10 分間、またはジーティが柔らかくなりチーズが溶けるまで焼きます。

83. エンジェルヘアシュリンプベイク

材料

- 冷蔵エンジェルヘアパスタ 1 パッケージ (9 オンス)
- 1-1/2 ポンドの未調理中エビ、皮をむいて背わたを取り除きます
- 砕いたフェタチーズ 3/4 カップ
- シュレッドスイスチーズ 1/2 カップ
- 分厚いサルサ 1 瓶 (16 オンス)
- シュレッドモントレージャックチーズ 1/2 カップ
- 新鮮なパセリのみじん切り 3/4 カップ
- 乾燥バジル 小さじ 1
- 乾燥オレガノ 小さじ 1
- 大きな卵 2 個
- ハーフアンドハーフクリーム 1 カップ
- プレーンヨーグルト 1 カップ
- 新鮮なパセリのみじん切り（オプション）

方向

a) グリースを塗った 13x9 インチ。グラタン皿にパスタの半分、エビ、フェタチーズ、スイスチーズ、サルサを重ねます。レイヤーを繰り返します。モントレージャックチーズ、パセリ、バジル、オレガノをふりかけます。

b) 小さなボウルに卵、クリーム、ヨーグルトを入れて泡立てます。キャセロールの上に注ぎます。蓋をせず、温度計が 160°を示すまで 350°で 25〜30 分間焼きます。食べる前に 5 分間放置してください。お好みでパセリのみじん切りをトッピングします。

84. カレーラザニア

材料

- キャノーラ油　大さじ 1
- 玉ねぎ中 1 個（みじん切り）
- カレー粉　小さじ 4
- ニンニク 3 片（みじん切り）
- トマトペースト 1 缶（6 オンス）
- ココナッツミルク 2 缶（各 13.66 オンス）
- 皮を取り除き、細切りにしたロティサリーチキン 1 ポンド（約 4 カップ）
- 生のラザニア麺 12 本
- 部分脱脂リコッタチーズ 2 カップ
- 大きな卵 2 個
- 新鮮なコリアンダーのみじん切り、分割 1/2 カップ
- 冷凍みじん切りほうれん草 1 パッケージ (10 オンス)、解凍して絞って乾燥させたもの
- 塩　小さじ 1/2
- コショウ　小さじ 1/4
- 細切り部分脱脂モッツァレラチーズ 2 カップ
- くし切りのライム

方向

a) オーブンを 350°に予熱します。大きなフライパンに油を中火で熱します。玉ねぎを加えます。柔らかくなるまで約 5 分間煮てかき混ぜます。カレー粉とニンニクを加えます。さらに 1 分調理します。トマトペーストを加えてかき混ぜます。ココナッツミルクをフライパンに注ぎます。沸騰させます。火を弱めて 5 分間煮ます。調理した鶏肉を混ぜます。

b) その間に、ラザニア麺をパッケージの指示に従って調理します。ドレイン。リコッタチーズ、卵、コリアンダー1/4 カップ、ほうれん草、調味料を混ぜ合わせます。

c) 鶏肉混合物の 4 分の 1 を 13×9 インチの容器に広げます。クッキングスプレーを塗ったグラタン皿。麺 4 本、リコッタチーズミックスの半分、チキンミックスの 4 分の 1、モッツァレラチーズ 1/2 カップを重ねます。レイヤーを繰り返します。残りの麺、残りのチキンミックス、残りのモッツァレラチーズをトッピングします。

d) 蓋をせず、泡立つまで 40〜45 分間焼きます。カットする前に 10 分間冷まします。残りのコリアンダーをトッピングします。ライムウェッジを添えてください。

85. たっぷりパスタシェルラザニア

材料

- 細切りモッツァレラチーズ 4 カップ
- リコッタチーズ 1 カートン（15 オンス）
- 冷凍みじん切りほうれん草 1 パッケージ (10 オンス)、解凍して絞って乾燥させたもの
- ジャンボパスタシェル 1 パッケージ (12 オンス)、茹でて水気を切る
- スパゲッティソース 3-1/2 カップ
- すりおろしたパルメザンチーズ（オプション）

方向

a) オーブンを 350°に予熱します。チーズとほうれん草を混ぜ合わせます。貝殻に詰める。グリースを塗った 13x9 インチに配置します。オーブン皿。スパゲッティソースを貝殻の上に注ぎます。蓋をして火が通るまで約 30 分焼きます。

b) 焼き上がった後にお好みでパルメザンチーズをふりかけます。

86. 3種チーズのミートボールモスタッチオーリ

材料

- モスタッチョリ 1 パッケージ (16 オンス)
- 大きめの卵 2 個（軽く溶きほぐす）
- 部分脱脂リコッタチーズ 1 カートン (15 オンス)
- 1 ポンドの牛ひき肉
- 玉ねぎ中 1 個（みじん切り）
- ブラウンシュガー 大さじ 1
- イタリアンシーズニング 大さじ 1
- ガーリックパウダー 小さじ 1
- コショウ 小さじ 1/4
- 肉入りパスタソース 2 瓶 (各 24 オンス)
- すりおろしたロマーノチーズ 1/2 カップ
- 解凍済み、完全に調理された冷凍イタリアンミートボール 1 パッケージ (12 オンス)
- 削ったパルメザンチーズ 3/4 カップ
- みじん切りの新鮮なパセリまたは新鮮なベビールッコラ、オプション

方向

a) オーブンを 350°に予熱します。モスタッチョリをパッケージの指示に従ってアルデンテに調理します。ドレイン。その間に、小さなボウルに卵とリコッタチーズを入れて混ぜます。

b) 6 クォートで。鍋に牛肉と玉ねぎを 6〜8 分、または牛肉のピンク色がなくなるまで煮て、牛肉を崩します。ドレイン。黒糖と調味料を加えて混ぜます。パスタソースとモスタッチオーリを加えます。投げて組み合わせます。

c)　パスタ混合物の半分を油を塗った 13×9 インチの容器に移します。オーブン皿。リコッタチーズ混合物と残りのパスタ混合物を層にします。ロマーノチーズを振りかける。ミートボールとパルメザンチーズをトッピングします。

d)　蓋をせず、35〜40 分間、または火が通るまで焼きます。お好みでパセリをトッピングしてください。

87. ホワイトシーフードラザニア

材料

- 生ラザニア麺 9 本
- バター 大さじ 1
- 1 ポンドの未調理のエビ（1 ポンドあたり 31〜40 匹）、皮をむいて背わたを取り除きます。
- 1 ポンドのベイホタテ貝
- ニンニク 5 片（みじん切り）
- 白ワイン 1/4 カップ
- レモン汁 大さじ 1
- 1 ポンドの新鮮なカニ身

チーズソース：

- 角切りバター 1/4 カップ
- 中力粉 1/4 カップ
- 2%牛乳 3 カップ
- 細切り部分脱脂モッツァレラチーズ 1 カップ
- すりおろしたパルメザンチーズ 1/2 カップ
- 塩 小さじ 1/2
- コショウ 小さじ 1/4
- ダッシュグラウンドナツメグ

リコッタチーズミックス:

- 部分脱脂リコッタチーズ 1 カートン (15 オンス)
- 冷凍みじん切りほうれん草 1 パッケージ (10 オンス)、解凍して絞って乾燥させたもの
- 細切り部分脱脂モッツァレラチーズ 1 カップ
- すりおろしたパルメザンチーズ 1/2 カップ

- 味付けしたパン粉　1/2 カップ
- 大きめの卵　1 個（軽く溶きほぐす）

トッピング：

- 細切り部分脱脂モッツァレラチーズ　1 カップ
- すりおろしたパルメザンチーズ　1/4 カップ
- 新鮮なパセリのみじん切り

方向

a)　オーブンを 350°に予熱します。パッケージの指示に従ってラザニア麺を調理します。ドレイン。

b)　その間に、大きなフライパンにバターを中火で熱します。エビとホタテを数回に分けて加えます。2〜4 分間、またはエビがピンク色になり、ホタテ貝が硬くて透明になるまで調理します。鍋から取り出します。

c)　同じ鍋にニンニクを加えます。1 分間調理します。ワインとレモン汁を加え、かき混ぜてフライパンから茶色になった部分をほぐします。沸騰させます。1〜2 分間、または液体が半分になるまで調理します。カニを追加してください。熱が通ります。エビとホタテを加えて炒めます。

d)　チーズソースの場合は、大きな鍋にバターを中火で溶かします。滑らかになるまで小麦粉を混ぜます。牛乳を少しずつ加えて混ぜます。絶えずかき混ぜながら沸騰させます。とろみがつくまで 1〜2 分間かき混ぜます。暑さから削除; 残りのチーズソースの材料を混ぜます。大きなボウルにリコッタチーズ混合物の材料を混ぜ合わせます。1 カップのチーズソースを混ぜます。

e) 1/2 カップのチーズソースを油を塗った 13×9 インチの容器に広げます。オーブン皿。麺 3 本、リコッタチーズミックスの半分、シーフードミックスの半分、チーズソース 2/3 カップを重ねます。レイヤーを繰り返します。残りの麺とチーズソースをトッピングします。モッツァレラチーズ 1 カップとパルメザンチーズ 1/4 カップを上に振りかけます。

f) 蓋をせずに 40〜50 分間、または泡が立って表面がきつね色になるまで焼きます。食べる前に 10 分間放置してください。パセリを振りかける。

88. ピザパスタキャセロール

材料

- 牛ひき肉 2 ポンド
- 玉ねぎ 1 個（みじん切り）
- スパゲッティソース 3-1/2 カップ
- スパイラルまたはカヴァタッピ パスタ 1 パッケージ (16 オンス)、茹でて水気を切る
- 細切り部分脱脂モッツァレラチーズ 4 カップ
- 8 オンスのスライスペパロニ

方向

a) オーブンを 350°に予熱します。大きなフライパンで、肉がピンク色でなくなるまで中火で牛肉と玉ねぎを炒めます。ドレイン。スパゲッティソースとパスタを入れて混ぜます。

b) グリースを塗った 13x9 インチ 2 枚に移します。ベーキング皿。チーズをふりかけます。上にペパロニを並べます。

c) 蓋をせず、25〜30 分間、または火が通るまで焼きます。

d) 冷凍オプション: 焼いていないキャセロールを冷まします。カバーをして最長 3 か月間冷凍します。使用する場合は、冷蔵庫で一晩半解凍してください。焼く 30 分前に冷蔵庫から取り出してください。オーブンを 350°に予熱します。指示どおりに時間を 35〜40 分に増やすか、完全に加熱されて中央に差し込まれた温度計が 165°を示すまで焼きます。

89. チーズマニコッティ

材料

- 減脂肪リコッタチーズ 1 カートン (15 オンス)
- 小さな玉ねぎ 1 個（細かくみじん切り）
- 大きめの卵 1 個（軽く溶きほぐす）
- 新鮮なパセリのみじん切り 大さじ 2
- コショウ 小さじ 1/2
- 塩 小さじ 1/4
- 部分脱脂モッツァレラチーズを細切りにし、分割して 1 カップ
- すりおろしたパルメザンチーズ 1 カップ（分割）
- マリナラソース 4 カップ
- 水 1/2 カップ
- マニコッティ貝殻 1 パッケージ (8 オンス)
- 追加のパセリ（オプション）

方向

a) オーブンを 350°に予熱します。小さなボウルに最初の 6 つの材料を入れて混ぜます。1/2 カップのモッツァレラチーズと 1/2 カップのパルメザンチーズを加えてかき混ぜます。別のボウルにマリナラソースと水を混ぜます。3/4 カップのソースを 13×9 インチの底に広げます。クッキングスプレーを塗ったグラタン皿。未調理のマニコッティの殻にリコッタチーズの混合物を詰めます。ソースの上に並べます。残りのソースをトッピングします。

b) 蓋をして 50 分、またはパスタが柔らかくなるまで焼きます。残りの 1/2 カップのモッツァレラチーズと 1/2 カップのパルメザンチーズを振りか

けます。蓋をせず、さらに 10〜15 分間、またはチーズが溶けるまで焼きます。必要に応じて、追加のパセリをトッピングします。

90. 4種のチーズのラザニア

材料

- 1 ポンドの牛ひき肉
- 玉ねぎ中 1 個（みじん切り）
- ニンニク 2 片（みじん切り）
- トマト 1 缶（28 オンス）、水切りなし
- スライスしたキノコ 1 缶（8 オンス）、水気を切る
- トマトペースト 1 缶（6 オンス）
- 塩 小さじ 1
- 乾燥オレガノ 小さじ 1
- 乾燥バジル 小さじ 1
- コショウ 小さじ 1/2
- フェンネルシード 小さじ 1/2
- 4%カッテージチーズ 2 カップ
- すりおろしたパルメザンチーズ 2/3 カップ
- 細切りマイルドチェダーチーズ 1/4 カップ
- 部分脱脂モッツァレラチーズを細切りにし、分割して 1-1/2 カップ
- 大きな卵 2 個
- 1 ポンドのラザニア麺、茹でて水気を切る

方向

a) フライパンで、肉のピンク色が消え、玉ねぎが柔らかくなるまで、牛肉、玉ねぎ、ニンニクを中火で炒めます。ドレイン。ブレンダーでトマトを滑らかになるまで加工します。マッシュルーム、トマトペースト、調味料と一緒に牛肉の混合物に混ぜます。15 分間煮ます。

b) ボウルにカッテージチーズ、パルメザンチーズ、チェダーチーズ、モッツァレラチーズ 1/2 カップ、卵を入れて混ぜます。油を塗っていない 13×9 インチの容器の底にミートソース 2 カップを広げます。オーブン皿。麺の半分をソースの上に並べます。チーズ混合物を麺の上に広げます。残りの麺とソースをトッピングします。

c) 蓋をして 350°で 45 分間焼きます。明らかにしてください。残りのモッツァレラチーズを散らす。オーブンに戻して 15 分間、またはチーズが溶けるまで焼きます。

91. バッファローチキンラザニア

12 人分

材料

- キャノーラ油 大さじ 1
- 1-1/2 ポンドの鶏ひき肉
- 玉ねぎ 1 個（みじん切り）
- セロリリブ 1 本（細かく刻む）
- にんじん 1 本（すりおろしたもの）
- ニンニク 2 片（みじん切り）
- 角切りトマト 1 缶（14-1/2 オンス）、水気を切る
- バッファローウィングソース 1 本（12 オンス）
- 水 1/2 カップ
- イタリアンシーズニング 小さじ 1-1/2
- 塩 小さじ 1/2
- コショウ 小さじ 1/4
- ラザニア麺 9 個
- リコッタチーズ 1 カートン（15 オンス）
- 砕いたブルーチーズ 1-3/4 カップ（分割）
- イタリアン平葉パセリのみじん切り 1/2 カップ
- 大きめの卵 1 個（軽く溶きほぐす）
- 細切り部分脱脂モッツァレラチーズ 3 カップ
- 細切りホワイトチェダーチーズ 2 カップ

方向

a) ダッチオーブンで油を中火で熱します。鶏肉、玉ねぎ、セロリ、ニンジンを加えます。肉がピンク色でなくなり、野菜が柔らかくなるまで調理してかき混ぜます。ニンニクを加えます。2 分長く調理します。トマト、ウィングソース、水、イタリアンシーズニング、塩、コショウを加えて混ぜます。沸騰させます。熱を下げます。蓋をして 1 時間煮ます。

b) その間に、パッケージの指示に従って麺を調理します。ドレイン。小さなボウルにリコッタチーズ、ブルーチーズ 3/4 カップ、パセリ、卵を入れて混ぜます。オーブンを 350°に予熱します。

c) 1-1/2 カップのソースを油を塗った 13×9 インチの容器に広げます。オーブン皿。麺 3 本、ソース 1-1/2 カップ、リコッタチーズミックス 2/3 カップ、モッツァレラチーズ 1 カップ、チェダーチーズ 2/3 カップ、ブルーチーズ 1/3 カップを重ねます。レイヤーを 2 回繰り返します。

d) 蓋をして 20 分焼きます。明らかにしてください。泡が立ってチーズが溶けるまで 20〜25 分間焼きます。食べる前に 10 分間放置してください。

92. クリーミーチキンラザニアロールアップ

材料

- ラザニア麺　10 個
- 3/4 ポンドの骨なし皮なし鶏の胸肉、角切り
- エルブ・ド・プロヴァンス　小さじ 1-1/2
- 塩　小さじ 1/2（小分け）
- コショウ　小さじ 1/2（小分け）
- オリーブオイル　大さじ 1
- リコッタチーズ　2 カップ
- すりおろしたパルメザンチーズ　1/2 カップ（分割）
- 2%牛乳　1/4 カップ
- 新鮮なパセリのみじん切り　大さじ 2
- スパゲッティソース　4 カップ
- 8 オンスのフレッシュモッツァレラチーズ、薄くスライス
- 追加の刻んだ新鮮なパセリ（オプション）

方向

a) オーブンを 375°に予熱します。ラザニア麺をパッケージの指示に従って調理します。

b) その間に、鶏肉にハーブ・ド・プロヴァンス、塩小さじ 1/4、コショウ小さじ 1/4 を振りかけます。大きなフライパンに油を入れ、中火で鶏肉を 5〜7 分間、またはピンク色でなくなるまで焼きます。脇に置きます。

c) 大きなボウルにリコッタチーズ、パルメザンチーズ 1/4 カップ、牛乳、パセリ、残りの塩、コショウを入れて混ぜます。鶏肉を加えます。

d) 麺を湯切りします。スパゲッティソース 1 カップを油を塗った 13×9 インチの容器に広げます。オーブン皿。1/3 カップのチキンミックスを各麺の上に広げます。慎重に巻き上げます。縫い目を下にしてソースの上に置きます。残りのソースとパルメザンチーズをトッピングします。

e) 蓋をして 30 分焼きます。明らかにしてください。モッツァレラチーズを上に乗せます。15〜20 分長めに、または泡立ちとチーズが溶けるまで焼きます。必要に応じて追加のパセリをトッピングします。

93. チキンマルサララザニア

材料

- ラザニア麺 12 個
- イタリアンシーズニング 小さじ 4 （分けて）
- 塩 小さじ 1
- 3/4 ポンドの骨なし皮なし鶏の胸肉、角切り
- オリーブオイル 大さじ 1
- 細かく刻んだ玉ねぎ 1/4 カップ
- 角切りバター 1/2 カップ
- 1/2 ポンドのスライスベビーポートベロマッシュルーム
- ニンニク 12 片 （みじん切り）
- ビーフスープ 1-1/2 カップ
- マルサラワイン 3/4 カップ （分割）
- 粗挽きコショウ 小さじ 1/4
- コーンスターチ 大さじ 3
- 細かく刻んだ完全に調理されたハム 1/2 カップ
- リコッタチーズ 1 カートン （15 オンス）
- 冷凍みじん切りほうれん草 1 パッケージ (10 オンス)、解凍して
絞って乾燥させたもの
- シュレッドイタリアンチーズブレンド 2 カップ
- すりおろしたパルメザンチーズ 1 カップ （分割）
- 大きめの卵 2 個 （軽く溶きほぐす）

方向

a) パッケージの指示に従って麺を調理します。ドレイン。その間に、小さじ 2 杯のイタリアンシーズニングと塩を混ぜます。鶏の胸肉の上に振りかける。大きなフライパンに油を中火で熱します。鶏肉を加えます。ピンク色がなくなるまで炒めます。取り出して保温してください。

b) 同じフライパンで玉ねぎをバターで中火で 2 分炒めます。キノコを加えてかき混ぜます。柔らかくなるまで 4〜5 分長く調理します。ニンニクを加えます。2 分間調理してかき混ぜます。

c) スープ、ワイン 1/2 カップ、コショウを加えてかき混ぜます。沸騰させます。コーンスターチと残りのワインを滑らかになるまで混ぜます。鍋にかき混ぜます。沸騰させます。とろみがつくまで約 2 分間かき混ぜます。ハムと鶏肉を加えて炒める。

d) オーブンを 350°に予熱します。リコッタチーズ、ほうれん草、イタリアンチーズブレンド、パルメザンチーズ 3/4 カップ、卵、残りのイタリアン調味料を混ぜ合わせます。1 カップの鶏肉混合物を油を塗った 13×9 インチの容器に広げます。オーブン皿。麺 3 本、チキンミックス約 3/4 カップ、リコッタチーズミックス約 1 カップを重ねます。レイヤーを 3 回繰り返します。

e) 蓋をして 40 分間焼きます。残りのパルメザンチーズを振りかける。蓋をせず、キャセロールが泡立ち、チーズが溶けるまで 10〜15 分間焼きます。カットする前に 10 分間放置します。

94. パワーラザニア

材料

- 全粒粉ラザニア麺 9 個
- 1 ポンドの赤身のひき肉（90％赤身）
- ズッキーニ中 1 本、細かく刻む
- 玉ねぎ中 1 個、細かく刻む
- 中型のピーマン 1 個、細かく刻む
- ニンニク 3 片（みじん切り）
- 肉なしパスタソース 1 瓶 (24 オンス)
- 食塩無添加の角切りトマト 1 缶（14-1/2 オンス）、水気を切る
- 緩めに詰めたバジルの葉、みじん切り 1/2 カップ
- 亜麻仁粉末 大さじ 2
- イタリアンシーズニング 小さじ 5
- コショウ 小さじ 1/4
- 無脂肪リコッタチーズ 1 カートン (15 オンス)
- 冷凍みじん切りほうれん草 1 パッケージ (10 オンス)、解凍して絞って乾燥させたもの
- 大きめの卵 1 個（軽く溶きほぐす）
- ホワイトバルサミコ酢 大さじ 2
- 細切り部分脱脂モッツァレラチーズ 2 カップ
- すりおろしたパルメザンチーズ 1/4 カップ

方向

a) オーブンを 350°に予熱します。麺をパッケージの指示に従って調理します。一方、6 クォートでは。鍋に牛肉、ズッキーニ、玉ねぎ、ピーマンを中火で、牛肉がピンク色でなくなるまで煮込み、牛肉を崩します。ニンニクを加えます。1 分長く調理します。ドレイン。

b) パスタソース、角切りトマト、バジル、亜麻仁、イタリアンシーズニング、コショウを加えて混ぜます。でも暑い。麺を湯切りし、冷水で洗います。

c) 小さなボウルにリコッタチーズ、ほうれん草、卵、酢を入れて混ぜます。1 カップの肉混合物を 13×9 インチの型に広げます。クッキングスプレーを塗ったグラタン皿。麺 3 本、ミートミックス 2 カップ、リコッタチーズミックス 1-1/4 カップ、モッツァレラチーズ 2/3 カップを重ねます。レイヤーを繰り返します。残りの麺、肉混合物、モッツァレラチーズをトッピングします。パルメザンチーズを振りかける。

d) 蓋をして 30 分焼きます。蓋をせず、さらに 10〜15 分間、またはチーズが溶けるまで焼きます。食べる前に 10 分間放置してください。

95. フェットチーネ シュリンプ キャセロール

材料

- 6 オンスの生フェットチーネ
- 1 つの大きい卵
- ハーフ＆ハーフクリーム 3/4 カップ
- サワークリーム 1/2 カップ
- 塩 小さじ 1/2
- シュレッドチェダーチーズ 2 カップ
- みじん切りグリーンチリ缶詰 1/4 カップ
- ネギ 3 本（薄切り）
- 新鮮なコリアンダー、バジル、マジョラムのみじん切り 各大さじ 1
- 1 ポンドの未調理のエビ（1 ポンドあたり 31〜40 匹）、皮をむいて背ワタを取り除いたもの、または冷凍の調理済みザリガニの尾肉を解凍したもの
- サルサ 1 カップ
- 細切りペッパージャックチーズ 1/2 カップ
- トルティーヤチップス 2 カップ（砕いたもの）
- プラムトマト 2 個（みじん切り）
- 中熟したアボカド 1 個（皮をむいてスライス）

方向

a) オーブンを 350°に予熱します。フェットチーネをパッケージの指示に従って調理します。大きなボウルに卵、クリーム、サワークリーム、塩を入れて泡立てます。チェダーチーズ、チリ、ネギ、ハーブを加えて混ぜます。フェットチーネを水切りします。

b) グリースを塗った 13x9 インチ。グラタン皿にフェットチーネの半分、エビ、クリームミックス、サルサを重ねます。レイヤーを繰り返します。

c) 蓋をして 35 分間焼きます。ペッパージャックチーズ、チップス、トマトをふりかけます。蓋をせず、さらに 5〜10 分間、または泡立ちとチーズが溶けるまで焼きます。アボカドのスライスと一緒にお召し上がりください。

96. アーティチョークほうれん草のラザニア

材料

- オリーブオイル　大さじ 1
- 玉ねぎ　1 個（みじん切り）
- スライスした新鮮なキノコ　1/2 カップ
- ニンニク　4 片（みじん切り）
- 野菜またはチキンスープ　1 缶（14-1/2 オンス）
- アーティチョークの芯　1 缶（14 オンス）、水を詰めて水を切り、粗く刻む
- 冷凍みじん切りほうれん草　1 パッケージ (10 オンス)、解凍して絞って乾燥させたもの
- 乾燥ローズマリー　小さじ 1（砕いたもの）
- ナツメグ粉末　小さじ 1/4
- コショウ　小さじ 1/4
- ローストガーリックパルメザンソースまたはローストガーリックアルフレッドソース　1 瓶（16 オンス）

組み立て：

- 調理不要のラザニアヌードル　12 個
- 細切り部分脱脂モッツァレラチーズ　3 カップ
- 砕いたトマトとバジルのフェタチーズまたはフェタチーズ　1 カップ
- ガーリックパウダー　小さじ 1/8
- 乾燥オレガノ、パセリフレーク、バジル　各小さじ 1/8

方向

a)　オーブンを 350° に予熱します。大きな鍋に油を入れて中火にかけます。玉ねぎとキノコを加えます。柔らかくなるまで調理してかき混ぜます。ニンニクを加えます。1 分長く調理します。スープ、アーティチョーク、ほうれん草、ローズマリー、ナツメグ、コショウを加えてかき混ぜます。ちょうど沸騰させます。熱を下げます。時々かき混ぜながら 5 分間煮ます。アルフレッドソースを加えてかき混ぜます。暑さから削除。

b)　油を塗った 13×9 インチの容器にソース 1 カップを広げます。オーブン皿。麺 3 本とモッツァレラチーズ 2/3 カップを重ねます。レイヤーを 3 回繰り返します。残りのソースとモッツァレラチーズをトッピングします。フェタチーズ、ガーリックパウダー、ハーブをふりかけます。

c)　蓋をして 40 分間焼きます。蓋をせず、さらに 15 分間、または麺が柔らかくなるまで焼きます。食べる前に 10 分間放置してください。

97. テキサス風ラザニア

材料

- 1-1/2 ポンドの牛ひき肉
- 味付け塩 小さじ 1
- タコスシーズニング 1 パッケージ (1-1/4 オンス)
- 角切りトマト（水切りなし） 1 缶（14-1/2 オンス）
- トマトソース 1 缶（15 オンス）
- みじん切りグリーンチリ 1 缶（4 オンス）
- 4%カッテージチーズ 2 カップ
- 大きめの卵 2 個（軽く溶きほぐす）
- コーントルティーヤ 12 枚（6 インチ）、ちぎった
- シュレッドモントレージャックチーズ 3-1/2 ～ 4 カップ
- オプションのトッピング: 砕いたトルティーヤチップス、サルサ、角切りアボカド

方向

a) 大きなフライパンで牛肉を中火でピンク色がなくなるまで炒めます。ドレイン。味付けした塩、タコスシーズニング、トマト、トマトソース、チリを加えます。熱を下げます。蓋をせずに 15～20 分間煮ます。小さなボウルにカッテージチーズと卵を入れて混ぜます。

b) グリースを塗った 13x9 インチ。グラタン皿に、ミートソース、トルティーヤ、カッテージチーズ混合物、モントレージャックチーズをそれぞれ半分ずつ重ねます。レイヤーを繰り返します。

c) 蓋をせず、350°で 30 分間、または泡立つまで焼きます。食べる前に 10 分間放置してください。必要に応じてトッピングを飾ります。

d) 冷凍オプション: 焼く前に、ラザニアをカバーして最長 3 か月間冷凍します。冷蔵庫で一晩解凍します。焼く 30 分前に冷蔵庫から

取り出してください。温度計が 160°を示すまでの時間を必要に応じて増やしながら、指示どおりに焼きます。

98. 伝統的なラザニア

材料

- 1 ポンドの牛ひき肉
- 3/4 ポンドのバルクポークソーセージ
- トマトソース 3 缶（各 8 オンス）
- トマトペースト 2 缶（各 6 オンス）
- ニンニク 2 片（みじん切り）
- 砂糖 小さじ 2
- イタリアンシーズニング 小さじ 1
- 塩 小さじ 1/2〜1
- コショウ 小さじ 1/4〜1/2
- 大きな卵 3 個
- 新鮮なパセリのみじん切り 大さじ 3
- 4％スモールカードカッテージチーズ 3 カップ
- リコッタチーズ 1 カップ
- すりおろしたパルメザンチーズ 1/2 カップ
- ラザニア麺 9 本（茹でて水気を切っておく）
- プロヴォローネチーズ 6 枚（約 6 オンス）
- 部分脱脂モッツァレラチーズを細切りにし、分割して 3 カップ

方向

a)　大きなフライパンで中火にかけて、牛肉とソーセージをピンク色でなくなるまで調理し、崩します。ドレイン。次の 7 つの材料を追加します。沸騰させます。熱を下げます。蓋をせず、時々かき混ぜながら 1 時間煮ます。必要に応じて、追加の塩とコショウで味を調整します。

b)　その間に、大きなボウルに卵を軽く溶きます。パセリを加えます。カッテージチーズ、リコッタチーズ、パルメザンチーズを加えて混ぜます。

c)　オーブンを 375°に予熱します。油を塗っていない 13×9 インチの容器にミートソース 1 カップを広げます。オーブン皿。麺 3 本、プロヴォローネチーズ、カッテージチーズ混合物 2 カップ、モッツァレラ 1 カップ、麺 3 本、ミートソース 2 カップ、残りのカッテージチーズ混合物、モッツァレラ 1 カップを重ねます。残りの麺、ミートソース、モッツァレラチーズをトッピングします（皿いっぱいになります）。

d)　カバー; 50 分焼きます。明らかにしてください。火が通るまで約 20 分間焼きます。カットする前に 15 分間放置します。

99. ポットラックソーセージキャセロール

材料

- ペンネパスタ 1 パッケージ（16 オンス）
- 1 ポンドのバルクイタリアンソーセージ
- バター 大さじ 1
- オリーブオイル 大さじ 1
- 玉ねぎ中 1 個、細かく刻む
- ニンジン中 1 本、細かく刻む
- 乾燥オレガノ 小さじ 1-1/2
- 塩 小さじ 1
- コショウ 小さじ 1/2
- 小さなズッキーニ 1 個、縦半分に切ってスライスする
- 刻んだ新鮮なキノコ 1 カップ
- ニンニク 6 片（みじん切り）
- トマトソース 1 缶（15 オンス）
- 肉入りパスタソース 1 瓶 (14 オンス)
- 細切り部分脱脂モッツァレラチーズ 2 カップ

方向

a) オーブンを 350°に予熱します。パスタをパッケージの指示に従ってアルデンテに調理します。排水し、グリースを塗った 13x9 インチに移します。オーブン皿。その間に、大きなフライパンでソーセージを中火でピンク色がなくなるまで 6〜8 分間調理し、崩れます。水を切り、鍋から取り出します。

b) 同じフライパンにバターと油を中火で熱します。玉ねぎ、にんじん、オレガノ、塩、コショウを加えます。5 分間調理してかき混ぜます。ズッキーニ、マッシュルーム、ニンニクを加えます。6〜8 分長く、または野菜が柔らかくなるまで調理してかき混ぜます。

c) トマトソース、パスタソース、ソーセージを加えて混ぜます。パスタの上に注ぎます。チーズをふりかけます（皿がいっぱいになります）。クッキングスプレーを塗ったホイルでキャセロールを覆います。10 分間焼きます。明らかにしてください。きつね色になりチーズが溶けるまで、さらに 15〜20 分焼きます。食べる前に 10 分間放置してください。

100. 豆のラザニア

収量: 4 回分

材料

- 大さじ 1　　　植物油
- 1 カップ　　　玉ねぎのみじん切り
- ニンニク 3 片（みじん切り）
- 1 14 オンス　トマトソース缶
- トマトペースト小缶　1 個
- オレガノ　大さじ 3
- バジル　大さじ 2
- パプリカ　小さじ 1/2
- ミックスビーンズ　1 と 1/2 カップ
- 低脂肪カッテージチーズ　1 と 1/2 カップ
- 低脂肪モッツァレラチーズ（すりおろし）　2 カップ
- 卵 1 個
- ラザニアヌードル（調理済み）　8 個
- コリアンダーの葉（みじん切り）　小さじ 1
- パルメザンチーズ　大さじ 2

方向

a)　豆を 4〜8 時間浸します。鍋に水を入れて蓋をし、豆を沸騰させます。30〜40 分間煮ます。油を熱し、玉ねぎ、にんにくをしんなりするまで炒めます。

b)　トマトソース、トマトペースト、オレガノ、バジル、パプリカ、調理して水気を切った豆を加えます。沸騰したら火を弱め、8〜10 分煮ます。

c) コリアンダーの葉を加えます。オーブンを 325°F に予熱します。カッテージチーズ、モッツァレラチーズ、卵を混ぜ合わせます。油を塗ったラザニアパンに、麺の層、豆の混合物の層、チーズ混合物の層を置きます。続けて、麺、豆、チーズを交互に重ね、最後にチーズの層を乗せます。

d) パルメザンチーズを上層に振りかけます。325°F で 40 分間焼きます。

結論

ラザニアは古典的なイタリア料理で、その豊かな風味と心安らぐ自然が愛され、世界の多くの地域で人気があります。パスタ、チーズ、ソースの層が一体となり、どんなシーンにもぴったりな満足のいくおいしい食事を作ります。無数のバリエーションとカスタマイズ方法があるラザニアは、誰もが楽しめる料理です。肉、野菜、またはその両方の組み合わせのどれを好むかにかかわらず、ラザニアは多用途でおいしい料理であり、今後何世代にもわたって愛される古典であり続けるでしょう。

Milton Keynes UK
Ingram Content Group UK Ltd.
UKHW020658070823
426447UK00016B/995